JN111420

English Phrases Almost Lost in Interpretation

同時通訳者が「訳せなかった」英語フレーズ

{ 松下佳世 }
[編著]
Kayo Matsushita

イカロス出版

はじめに

　英語に関する本は世の中にあふれています。本書にたどり着くまでに、あなたもきっとたくさんの「英語本」を読んできたことでしょう。しかし、いま手にしているこの本は、これまで存在したどの英語本とも一味違います。

　まず、本書の書き手は現役の日英通訳者です。しかも1人ではありません。日々、日本語と英語を駆使しながら、異文化コミュニケーションを担っている通訳者27人が、それぞれの実体験をもとに、一つひとつの単語やフレーズを紹介しています。

　ここまで読んで、「英語のプロが難しいフレーズを紹介する本か」と思ったとしたら、それも違います。取り上げているのは、実際に通訳の現場で私たちがつまずいた、すなわち、適切に「訳せなかった」ものばかりです。プロとはいえ、年に何百回も現場に立てば、わからない単語や知らなかったフレーズに出あうことはしょっちゅうあります。それでも、周りは通訳者を語学のエキスパートだと思っていますし、高い通訳料を払って雇っているわけですから、「ごめんなさい、わかりません」と謝って済む話ではありません。そのため、通訳者は、その場にいる人たちに悟られないようになんとかピンチを乗り越え、休憩時間や帰宅後に必死に勉強をして、新しい知識を身につけていくのです。

　本書はいわば、通訳者の「失敗体験」を集めた本です。それぞれの通訳者が、自分の訳せなかった単語やフレーズを具体的なエピソードとともに持ち寄り、私が取りまとめました。私自身の話もいくつか入っていますが、誰がどの体験をしたかはあえてわからないようにしてあります。また、守秘義務に違反しないよう、設定を少し変えたり、あいまいにしたりしているところもあります。

必要な配慮はしながらも私たちがこだわったのは、紹介するすべての単語やフレーズが、実際の現場で出あったものであること。そして、その瞬間はうまく訳せなかったけれど、しっかり意味を理解したことで、のちに役立ったものであることです。つまり、本書を読むだけで、プロでも間違いかねない英語をまとめて覚えることができ、かつ、知っていて得をするフレーズを蓄えることができる仕掛けになっています。

　受験のために英語の勉強をした経験がある人はよく知っていると思いますが、ただひたすらイディオムとその意味を暗記しようとしても、なかなか記憶は定着しません。しかし、その言葉にまつわるエピソードと一緒に覚えれば、忘れにくくなります。一人ひとりの通訳者の失敗談に「くすっ」としながら読み進めるうちに、いつのまにか英語の知識も身についている。そんな本にしたくて、あえて恥をさらけ出すことにしました。

　全体は八つのパートに分かれています。**Part1**は「**訳せそうで訳せない言葉**」を取り上げます。なんとなく意味がわかりそうでも、その文脈に最適な訳でないと、とんでもない誤解を生みかねません。そんな「ニアミス」も含めてご紹介します。　続く**Part2**のテーマは「**おなじみの単語の違う意味**」です。一見すると、子どもでも知っていそうな単語が、実は意外な意味を隠し持っていることがあります。実際に通訳者が、ある種「だまされた」単語を集めました。

　Part3は「**英語特有の慣用表現**」です。いわゆるイディオムがたくさん出てきますが、受験勉強で出てくるようなものではなく、実践的で、かつ語源の面白いものばかりです。**Part4**の「**まぎらわしい言葉**」はいくつかの異なるまぎらわしさを扱います。例えば発音が似ているものや、つづりが似ているもの、あるいは文脈がわからなければ、取り違えてしまいがち

な同音異義語（homonyms）などが登場します。

　Part5以降はよりマニアック度が高まります。最初に取り上げるのは「意外と役立つ専門用語」。ITなどの技術系からファッションまで、その業界以外では二度と出あわないと思っていたのに、その後、意外な場面で再会を果たしたものなど、「知っていてよかった」用語が含まれます。Part6「物語から生まれた言葉」、Part7「スポーツ由来の表現」は説明不要でしょう。

　最後のPart8「World Englishes」は、私たち通訳者が置かれている現状をよく反映したパートです。「英語」とはもはやアメリカやイギリス、オーストラリアなどのいわゆる英語圏の国々だけで話されているわけではありません。インドの「ヒングリッシュ」、シンガポールの「シングリッシュ」など、アジア各国でも英語が公用語となっている国は少なくありません。話されている地域によって異なる独特の表現を集めることで、通訳者が日々接する、多様な文化の一端に触れていただければと考えました。

　それぞれのパートの合間には、通訳の世界についてより深く知るためのコラムや、通訳者自身が描いた「通訳まんが」をあしらいました。タイトルにひかれて本書を手に取った読者の中には、将来通訳者になりたいと考えている人もいるかもしれません。また、ビジネスの現場で日常的に通訳サービスを利用している人もいるでしょう。ぜひ本書をきっかけに、英語力を高めながら、通訳についての理解も深めていただければと思います。

松下佳世

Contents

Part 3 英 語 特 有 の 慣 用 表 現

Part 4 まぎらわしい言葉

Part 5 意外と役立つ専門用語

Part **6** 物 語 か ら 生 ま れ た 言 葉

Part **7** ス ポ ー ツ 由 来 の 表 現

Part 8 World Englishes

訳せそうで
訳せない言葉

通訳者は日々、膨大な量の英語に接します。プロですから、語彙を増やすためのたゆまぬ努力は続けていますが、現場に行くたびに知らない言葉に出くわすと言っても過言ではありません。Part1では、単語の意味はわかるものの、文脈にあった訳し方がすぐには思いつかなかったフレーズを紹介します。見出し語を見て意味を当てられるか、試しながら読んでみてください。

01 **Firefighter's approach**

消防士はどこ？

　およそ世界のどの国にも存在する職業で、われわれを火災の危険から救出してくれる消防士こと **firefighter**。この消防士という単語を使った表現が、お堅い企業の会議に登場したら、通訳者でも一瞬びっくりします。それが例えば、工場で発生した災害についての報告や、避難訓練についての打ち合わせであればまだ想像はしやすいでしょう。でもこの言葉が実際に登場したのは、ある日系企業の経営企画部のメンバーと外国人コンサルタントとの話し合いの場でした。

　経営企画部の部長が、自社の課題や実施中の対策について説明をしたのに対し、コンサルタントが、**This is just a firefighter's approach.** とコメントしました。表情はやや険しく、プレゼンを褒めているようには聞こえません。しかも、コンサルタントはあえて **just** まで入れて、「～にすぎない」「単なる～である」と強調したわけです。

　使われている単語だけ見れば、中学生でも簡単に和訳できそうな単純な一文に見えます。**Approach** はいまやカタカナの「アプローチ」として、名詞でも動詞でも頻繁に見聞きする単語であり、ここでは名詞として使われていることは明らかです。複数の意味を持つ単語だとはいえ、状況から考えて「やり方、手法」などが無難であることはすぐに判断がつきました。

　さて、問題はこの **firefighter** をどう訳すかです。「消防士の手法」でいいのだろうか、と一瞬迷いました。直訳したとしても、話し手の意図したメッセージを伝えられなければ、通訳者としての仕事をまっとうしたことにはなりません。とはいえ、翻訳のように時間をかけて辞書やインターネットで調べることもできないのが通訳の辛いところです。

　コンサルタントが発言をしてから、ここまでの思考に至るのに、ものの一秒ほどしかかかっていなかったと思いますが、この時は時計の針が止

まったかのように感じました。納得がいく訳が思い浮かばないまま、「いまご説明くださった対策では、消防士的なやり方にすぎません」と訳すしかありませんでした。

　両社の担当者同士の会話はそのあとも続きました。先ほどのことに気を取られていては、その後の通訳に影響が出てしまうので、頭の片隅に消防士さん一人を残しながら業務を続けました。すると、何ということでしょう。その後のやり取りでヒントが出てきたのです。

　初めはわからなかった話し手の真意が、発言を聞いているうちに、ふとわかるということがあります。これは通訳だけでなく、家族や友人、近所の人との会話でも経験することではないでしょうか。まさに、待ちわびていたその瞬間がやって来ました。

　消防士は通常、火災が発生してから初めて現場に向かい、消火活動に従事します。コンサルタントはそのことを指して firefighter's approach と発言していたのです。つまり、部長が説明した自社の課題と対策が事後的、場当たり的な「予防策を講じていない手法である」とコンサルタントは伝えたかったようです（もちろん、消防士が予防措置を一切取っていないわけではありません。市民が安心して暮らせるように、火災を防ぐための啓蒙活動を行っていることは、世界中で活躍する消防士の皆さんの名誉のために付け加えておきます）。

　ようやくコンサルタントの発言の意図に気づき、その後の会議の中でさりげなく「消防士的なやり方」を「事後対策」に言い直したのは言うまでもありません。今後どこかの会議で「firefighter's approach はよくないから、予防策を講じよう」という発言が英語で出たときには、迷わず「事後の百策より事前の一策」とかっこよく日本語に通訳してみたいものです。

覚えておこう！

Firefighter's approach
= 予防策を講じていない手法

02 **Work wife**

職場妻ではありません

　ある外資系IT企業と、顧客である日本企業とのマネジメント会議でのことです。日本支社に常駐のイギリス人マネージャー、S女史に加え、この日は彼女の上司のエグゼクティブ、O氏もアメリカから来ました。O氏が登場すると、一斉に **Congratulations!** と祝福の声が飛び交いました。世界を股に掛けて華やかな独身生活を謳歌していたO氏が、ついに結婚したそうです。こうして晴れやかな雰囲気の中で会議は始まりました。

　過去にはプロジェクトが暗礁に乗り上げたこともありましたが、O氏が抜擢したS女史の見事な手腕で起死回生を果たしてからは順風満帆。特にこの日は拍子抜けするほど、良い報告ばかりでした。締めの挨拶が始まり、通訳者の任務も完了かと思ったとき、新婚O氏が言いました。

I can't thank my work wife enough.

　一瞬、**work wife?** と思いながらも、新婚さんが **wife** といえば新妻しかない、と思い込み、出てきたのは「妻には感謝しきれません」という訳でした。ところが話は、「振り返れば、ここまで岩山のような険しい道のりでした」と続きます。そう、それは新妻の内助の功を讃えたのではなく、反対側の席で照れ臭そうにしている、S女史に向けられたものだったのです。

　幸いすぐ次の文で気づいたので、「妻と言っても女房役の彼女のことですが」と、慌ててS女史を指しつつ何とか軌道修正したものの、O氏がこの一言に込めたであろう含み（苦労の歴史をともにした人にだけわかるよう、あえて名前を言わず、内輪の共感を狙ったウィット）は、台なしになりました。彼女の素晴らしい働きぶりを称えるだけでなく、さらに深読みすると、彼女を抜擢した自分の有能さと、彼女との強固なチームワークを顧客に向けてアピールするための、深い一言だったのかもしれません。**Work wife** という表現は初耳でしたが、冷静に状況を読めば誰のことか判断できたでしょう。筋書きを予想しながら話を聞くのは重要です

が、思い込みは危険だと学んだ会議でした。

　終了後、Ｏ氏に **work wife** という表現について聞いてみました。仕事が忙しくなると、家よりも職場にいる時間のほうが増え、妻と過ごすよりも同僚や部下との時間のほうが長くなる。こうして本物の夫婦のような間柄になった異性（ただしプラトニックが前提）を **work wife** や **work husband/spouse/girlfriend/boyfriend** と呼ぶのだそうです。

　うんちく好きのＯ氏の解説は続きます。「言葉自体は新しくないが、女性の社会進出がいまより難しかった90年代には、通常の秘書的業務に加えて、仕事に関係ないボスの小間使いまでさせられる女性たちの不遇を表すネガティブなものだった。それが徐々にいまの意味に変化して、アメリカでは数年前に **buzzword**（流行語）になったよ」。さらに使用例を聞いたところ、仕事人間で家庭をかえりみない夫を会社に送り出す際に、世の妻たちは「**work wife** によろしくね」と、冗談に焼きもちを混ぜて使うのだとか。中には本気で浮気を疑っている場合もあるので、「**work-life** バランスならぬ **work-wife** バランスには注意が必要だね」と、新婚Ｏ氏はユーモアを交えながらも、自分に言い聞かせるように語っていました。

　Work wife の意味はおかげでよくわかりましたが、実際にどう訳すかは別問題。今回のケースでは、一見軽いはやり言葉を選びながらも、仕事の相棒としての信頼とリスペクトを込めた絶妙な表現だったと思います。Ｓ女史はＯ氏の部下ですが、だからと言って「右腕」「腹心の部下」も不自然ですし、「同士」もしっくりきません。「ともに戦ってきた彼女には感謝してもしきれません」といったところでしょうか。

覚えておこう！

Work wife（work の代わりに office でも可）
＝ 職場の女房役。互いを知り尽くしたビジネス上（主に異性）のパートナー

腹心の部下には **right-hand man** や、小説『ロビンソン・クルーソー』から生まれた **Man Friday** という古い表現もある。

03 **Toolbox talks**

工具箱の上で話すことといえば

　事前知識なしに、いきなり **toolbox talks** を日本語に訳せと言われれば、たとえ通訳者であっても「工具箱の話」と訳します。**Toolbox** は工具箱、**talks** は話、ですから。いくら通訳者でも人の子。初めて体験する分野では、しかるべき情報がなければそういう訳出しかできません。だから通訳者は、たとえ煙たがられても事前の資料提供を求めるのです。

　さて、この言葉に出あったのは、とある作業現場。現場を取り仕切る棟梁は、日本語がまったく話せない外国人。朝礼や講話をはじめ、棟梁や外国人技術者らと日本人作業員とのやり取りを通訳するのが筆者の役割でした。

　初日は少し緊張しつつ、普段着ることのない作業着、ヘルメット、安全靴などを身につけて到着。作業場の中に入る前に、まず安全教育を受けさせられました。初めての現場に戸惑いつつ、「へぇー、こんなのがあるんだ」と軽くカルチャーショックを受けている間に講習は終わり、受講証明にサインをして、ようやく作業場の中に入れてもらえました。

　初日なので、まず外国人棟梁と技術者との打ち合わせに参加し、簡単な自己紹介をして仕事に取り掛かりました。事前資料にあった、この作業の中心となる機械の細かな内容を頭の中で思い出し、打ち合わせでもらった作業工程表と突き合わせて、出てくると思われる単語の最終確認を行いました。すると、棟梁が「じゃあ **toolbox talk** をしに行くから通訳よろしくね〜」と一言。「なぬ? **toolbox talk**? そうかそうか、作業前に工具についても話しておかないといけない、というわけね」と、(いま思えば)思い切り勘違いをしたまま通訳を始めることになりました。ただ、通訳者の第六感か、なんとなく「工具箱の話」と訳すことに違和感を覚えたので、無難にそのまま「ツールボックストーク」とカタカナにしておこう、と心に決めて通訳に臨みました。

初日は確か「工具類を扱うときの注意」といった内容で、あながち工具箱の話とずれていたわけではなかったので、疑問は感じませんでした。ところが、翌日も翌々日も、棟梁が「**toolbox talk**を始めます」と言って作業員に小話をしてから仕事が始まるということが繰り返されます。話の内容が「クレーン作業時の注意」やら「熱中症の防止」やら、もはや工具箱とはかけ離れた内容に変わっていくにつれ、日増しに頭の中で「？」の数が増えてきました。

　数日もするとさすがに、もしかして工具箱の話ではないかも、という気がしてきたので、遅まきながら調べてみると、あら大変。まったくの勘違いだったことに気づきました。「ツールボックストーク」「ツールボックスミーティング」などの用例が出るわ出るわ。専門用語や機械の理解に注力するあまり、業界で使われる一般用語の確認をおろそかにしていたことに気づかされました。

　ではツールボックストークとは一体何でしょうか。これは全米安全評議会が1940年代半ばに発行した専門誌の中で、労働者に対して行う毎週の安全ミーティングを、寸劇という新しい切り口で行うという取り組みが紹介された際に、その寸劇のタイトルが*Fairyland Weekly Toolbox Meeting*であったことから始まっているとされています。いまでは職場での安全衛生教育を目的として定期的に行われる、業務前の短い安全講話を意味する用語となり、日本語では「安全講話」や「安全朝礼」とするか、そのままカタカナで使うのが一般的なようです。

　自分の第六感を信じて、「工具箱の話」ではないかも、と思ったおかげで致命的な誤訳にならずに済みましたが、中心的な議題以外にも、周辺情報まで抜かりなく事前学習を行う必要性を思い知らされた一件となりました。

覚えておこう！

Toolbox talks
＝（朝礼などで行われる）安全講話

04 **Bootstrap**

己の力で引き上げる

　皆さんはブーツをどのように履きますか。デザイン上省かれている場合を除いて、かかと側の最上端につまみ皮（ストラップ）があるかと思います。このつまみ皮を引っ張り上げながら、足をブーツに滑りこませて履くことが多いのではないでしょうか。このブーツのストラップ（**bootstrap**）に関連してよく耳にするのが、**pull oneself up by one's bootstraps** というフレーズ。「自らを引き上げる」ということから「独力でやり遂げる」「自分の力だけではい上がる」という意味で使われる慣用表現です。

　数年前、海外のモビリティ関連のベンチャー企業（スタートアップ）を招待したセミナーの通訳を担当しました。情報通信技術、人工知能、自動運転技術などといったテクノロジーの発展により、日本の製造業を牽引してきた自動車業界も大きな変化を迎えようとしています。次世代の技術を駆使した自社の製品・サービスを日本企業に紹介するために、総勢10社のスタートアップが来日しました。20分の持ち時間で、自社の技術を日本企業にプレゼンし、業務提携や共同開発や取引につなげるのが目的です。あるスタートアップの創業者は、まずは会社の紹介から始めました。

We've been bootstrapping ourselves since our founding.

　前述の慣用表現がすぐ浮かび、「当社は創業以来、自力でやってきました」と訳してからふと思いました。それって、当たり前なのでは？　そもそもなぜブーツのつまみ皮なのか。果たしてブーツのつまみ皮を引き上げると、自分の体もスイッと立ち上がるものでしょうか。改めて調べ直すことにしました。

　一般的にスタートアップといえば、ベンチャーキャピタリストやエンジェル投資家から資金調達をしながら会社を成長させていくモデルが考えられます。しかし最近は、外部からの資金調達に頼らず、創業メンバーの自己資金のみで起業し、ゆっくりと会社を成長させていくケースも出てきて

います。このようなモデルを、業界では「ブートストラップ型起業」あるいは「ブートストラッピング」と呼んでおり、近年注目が高まっていることがわかりました。つまり、例のスピーカーは、創業以来、単に「自力」でやってきたのではなく、「自己資金で運営してきた」と主張していたのでした。

　そもそもブーツのつまみ皮で、自分自身を引き上げて立つことは不可能でしょう。これに関しては、面白いエピソードがあります。『ほらふき男爵の冒険』のモデルとされるドイツのミュンヒハウゼン男爵には、史実と創作がないまぜになったさまざまな冒険談があるのですが、その一つに、馬に乗った状態で沼地にはまった話があります。男爵が、自分の髪の毛と馬のたてがみを両方持って引っぱり上げると、あら不思議。馬が沼地を飛び出して、男爵も馬も沼地から脱出できたというのです。

　この物語は、各国で翻訳されましたが、「髪の毛」の部分がアメリカ版では **bootstrap** と訳されたと言われています。髪の毛やブーツのつまみ皮を引っぱり上げたところで、普通は何も起こりません。つまり「ブーツのつまみ皮を引っぱって体を起こそうとする、助かろうとする」というのは、元は「ばかげた、滑稽なことをする」という意味の比喩表現だったのです。ところが時を経て、「滑稽なほどに起こりえそうもないことに果敢に挑戦する」という肯定的な意味で使われるようになりました。

　また、ブートストラップはIT用語としても使用されています。「他者の力を借りずに自力でやる」という意味から、電源が入れられたあと、オペレーティングシステムを起動させてコンピュータが使用可能な状態になるまでのプロセスをコンピュータが自力でする、つまり自動的に実行される処理を「ブートストラップ」、略して「ブート」と言います。日本でも少しずつ日常生活に浸透している単語と言えますね。

覚えておこう！

Bootstrap
　＝ 自己資金だけで起業・運営する

05 **Park it!**

何でも停められます

　Park it! と聞いたら皆さんは何と訳すでしょうか？「駐車して」と答えた人は、あとひと息。「場面と状況による」と答えた人は大正解。しかしこんな簡単な一言で、通訳者がドキッとすることなどあるのでしょうか。子どもでも知っていそうな簡単な単語で構成されているフレーズですが、単純なものほど侮れないのが英語の難しいところです。

　このフレーズに出あったのは、あるITプロジェクトの課題管理会議でした。分厚いリストのオープン（未解決）課題を討議し、解決していくというもので、この日はランチを挟んで3時間が予定されていました。大規模プロジェクトの初期段階とあって、パートナー企業同士の関係もぎこちなく、どの会議もカオスとバトルの連続です。この日も議論の堂々巡りで、駆け出しの通訳者には居たたまれないものでした。近くにいた外資企業側のインド人リーダーは、議論の流れこそ止めないものの、「ペルキッ！」としか聞こえない謎の呪文のような言葉を繰り返しています。結局、大きな成果のないまま昼休憩となりました。

　ランチ後、全員が部屋に集まると、インド人リーダーが挙手をして「午後からは私が進行します」と言いました。さらに **Let's use a parking lot!** との提案が飛び出しました。駐車場？ 野外で円陣を組み議論をするのでしょうか。青空会議とはかなり今風です。気分転換もでき、討議にも弾みがつくというもの。さすが世界有数の多国籍企業、考えることが斬新……。いや、待てよ。会議支援ツールなどの名称という可能性もあるかも……。自問自答の末、困ったときのカタカナ頼みで「パーキングロットを使いましょう」と訳しました。

　日本側の参加者も初耳らしくけげんな表情ですが、新議長は「私は討議に入らず司会に徹します。緊急度をトリアージ（仕分け）し、本日は緊急度の高いもののみ扱うこととします」と、新たなルールを宣言しました。

そこからはすべてが規律正しく進行していきました。概要を読み、緊急度「高」と判定されると、対応策の検討、担当者および期限の決定、という具合。しかし「重要ではあるが緊急ではない」となったとき、議長の「次！」と言う声を日本側がさえぎって、「この件は顧客が懸念を示しており、いま討議すべきだ」と異義を唱えました。またもバトルかと思われたとき、あの「ペルキッ！」が聞こえたのです。今度ははっきりと。筆者が身構えた瞬間、**...and move on. Let's put it in the parking lot!** と続いたのです。

これで一気に謎が解けました。あの呪文は **Park it!** でした。つまり、「重要度高かつ緊急度低」の項目については「**Parking lot**（検討保留箱）に置いておき、先に進もう」というわけです。ようやく合点がいきました。これ以降は日本側も味をしめ、議論が長引く前にインド風発音で **Let's park it!** と、片っ端からパーキングに入れ始めたのでした。

日常の場面で **Park it!** といえば「駐車しよう」ですが、徒歩であれば「座ろう」または「休憩しよう」となります。「どこかに何かを置いておく」という共通イメージを持ち、どんな場面で **it** が何を指すかによって、臨機応変に訳し分けられるようにしたいものです。

最後に会議通訳の場で遭遇するファシリテーション手法について、もう少し解説しましょう。広く知られる前述の **parking lot** のほかに、**issue bin**（課題箱）、**limbo**（グレー案件保留場所）、**refrigerator**（冷蔵庫）などがあります。名称は異なりますが、コンセプトはどれも **parking lot** と同じです。**M=Must**（必須）/**S=Should**（推奨）/**C=Could**（可能）/**W= Won't**（先送り）の頭文字を取った **MoSCoW**（モスクワ）も覚えておくといいでしょう。日本でも IT 企業を中心に優先度分析などに使われています。これで「モスクワで検討しましょう！」と言われてもひるまずに済みますね。

覚えておこう！

> **Park**
> ＝ いったん討論（口論）をやめ保留にする、（立ち止まり）座る

06 **Deep pockets**

必ずしも懐は深くない

「相手の立場に立って考えなさい！」と子どものころに叱られた経験は、誰しもあると思います。通訳をしていると、気がつけば四六時中、いろいろな相手の立場に立っています。資料をもれなく入手し、長時間かけて下調べして会議に臨んだとしても、通訳対象は人間。みんなそれぞれに異なる思考回路や感情があります。そのため「○○と感じているようだ」「このあと××と言うだろうな」「きっと△△と言いたいのだろう」と常にアンテナを張り巡らせています。もともとそういう性格なのかもしれませんが、ついプライベートでも同じことをしてしまい、「メンタリストなの？」と友人に茶化されたこともありました。

通訳を始めたころは、「ミスをしてはいけない」というプレッシャーもあり、通訳対象者の肩書きや社会的地位、あるいは会議室の豪華さなどに萎縮してしまうことが多かったように思います。相手の発言の意図を即座に理解したり、発言を先読みしたりする余裕などなく、場の空気に圧倒されてしまうこともしばしば。その当時にある先輩がくれたアドバイスは、「母親の気持ちで聞く」でした。お偉方の「偉い」オーラにのみこまれてしまうのではなく、「ヨチヨチ、これが言いたいんでちゅね」と大きな包容力で受け止めながら聞いて訳すほうがうまくいく、というのです。ちょうどおしゃべりを始めたばかりの娘の子育て中だったこともあり、なるほどと思いました。

さまざまな感情や考えを伝えたくてもまだ言語化できない娘は、つたない日本語と表情、そしてボディランゲージでコミュニケーションを取ろうとします。それに対して「バナナが食べたいのかな」「暑いから機嫌が悪いのかも」と筆者も（当時は）懐深く受け止めていました。いまや逆に娘に受け止められているときもあるぐらいですが、発言者の気持ちや思考パターン、ロジックを推し量る想像力は、通訳をするときにも役立っていると感じます。

しかし、時としてその想像力のせいで、脇道にそれてしまうこともあります。大手IT企業のシステム移行プロジェクトに通訳者として呼ばれたときのことです。システムの要件や、それに伴う工数、金額の見積もりを、比較的カジュアルな雰囲気でディスカッションする会議でした。その中で、アメリカ人の会議参加者が、**Don't worry. They've got deep pockets.** と発言しました。とっさに出てきたのはただの直訳。「大丈夫です。ポケットが深いので」と口にしつつも、われながら意味不明でした。ポケットが深いとはどういうことだろうか。比喩表現なのだろうか。そもそもポケットは外来語だし、日本語では何に相当するのだろう。もしかすると懐が深いと言いたいのかな、などと考えながらも通訳を続けました。幸い本筋に影響を与える発言ではなかったせいか、あるいは参加者の懐が深かったせいか、会議は問題なく終了しました。

欧米人にとってポケットとはお金を入れる場所を象徴しているのでしょうか。あとでわかったことですが、**deep pockets** は「潤沢な資金、財力」を意味する俗語だったのです。**Deep-pocketed** で「裕福な、財力のある」と形容詞的に使用されることもあるとか。会議のアメリカ人参加者は「あの人たちお金持っているから大丈夫ですよ」と言いたかったのですね。「あの人たち」は特に包容力があったわけではないようです。また **have deep pockets and short arms** という関連表現もあります。「ポケットは深いが腕は短い」ので、ポケットの中に入っているお金には届かないことから、「お金持ちのくせにけちだ」という意味になります。こちらは **deep pockets** の意味がわかれば、イメージしやすいフレーズですね。

想像力があらぬ方向へお散歩してしまうと困りますが、イメージの翼を広げて成功する現場もあります。経験を積み、お偉方に気圧されなくなっても、懐の深さは忘れずにいたいものです。

覚えておこう！

Deep pockets
= 潤沢な資金、財力

07 **Social suicide**

自殺よりも広い意味

Social suicide（直訳すると社会的自殺）という表現をご存知でしょうか。多様性に関するシンポジウムで通訳をしていたときのこと。日本在住で海外にルーツを持つ10代の女性が、自分や友人の置かれている状況を social suicide という言葉を使って強く訴えました。当時、suicide といえば「自らの意思で命を絶つ」という意味しか知らなかったため、話の筋が見えなくなり、とても焦りました。

このようなセンシティブな内容で、誤訳は絶対に許されません。そのまま「ソーシャル・スーサイド」とカタカナで出し、内容も直訳してその場をしのごうとしましたが、それでは聴衆に伝わりそうもない。さらに、この言葉が何度もキーワードとして出てきたため、通訳者としては非常に苦しい状況に追い込まれました。その時、同席していた日本語のわかるイギリス人大学教授が、日本語では「仲間外れ」が一番近い、と言って助け舟を出してくださって、すべてがつながりました。仲間外れにされること、また、そのような状況を自分から作ってしまうことを指していたのだと理解しました。

Social suicide は、通常、動詞の commit を伴って、自ら社会的つながりを絶つことを意味します。例えば、宗教や性的指向を告白して親族から勘当されたり、虐待を受けた親と絶縁したり、前述の若者のように、仲間外れや集団無視によって孤立したりするケースなどが当てはまります。文脈によって、「仲間外れにされる」「村八分にされる」といった日本語訳も可能です。

このように、suicide という名詞は、「自殺」や「自殺者」を表すだけでなく、比喩的に「自殺するようなものだ」という意味にも使われます。辞書で調べてみると、日本語の「自殺」は「自ら自分の生命を絶つこと、自害」（広辞苑）を指しているのに対し、英語の suicide は上記の意味に加えて、

You say that people commit suicide when they deliberately do something which ruins their career or position in society.（自分のキャリアや社会的地位を故意に破滅させる行為のことを **suicide** と言う）となっており（コウビルド英英辞典）、英語のほうがより広範な意味を持つことがわかります。後者は、「自殺」よりも「自滅」という日本語に近いかもしれません。この自滅を指す使い方を知らなかったことが、今回うまく訳出できなかった原因でした。

　この **suicide** は、**social** のほかにも、さまざまな形容詞を伴うことができます。例えば、**political**（政治的）、**moral**（道徳的）、**financial**（経済的）などで、あとに続く **suicide** は自殺（あるいは自滅）行為と訳されます。文脈に合わせた形で、**It would be political suicide to restrict criteria for unemployment benefit.**（失業給付基準を制限すれば、政治生命が絶たれるだろう）のように訳すこともできます。

　また、**suicide** の形容詞は suicidal ですが、**suicidal ideation**（自殺念慮）という言葉も精神医学の分野で時々出てきます。これは **suicidal thoughts** と言い換えることもでき、死にたいと思い、自殺することについて思い巡らすことを意味します。「死にたい気持ち」と訳すこともできるでしょう。こういった言葉に遭遇すると内心ドキッとしますが、その場で慌てないよう、知識として知っておきたいところです。

　このようなメンタルヘルス関連の用語は、精神医学や心理学はもちろん、ビジネス、社会学、教育など、あらゆる分野で出てきますので、日ごろから関心を持って情報に触れておくことが大切です。専門書で勉強するだけでなく、ぜひ映画やドラマなどを見て、生きた英語表現を学ぶとともに、その社会的背景もあわせて確認しておくことをおすすめします。

覚えておこう！

Social suicide
＝ 自ら周りとの関わりを絶つこと。自滅行為を行うこと

文脈により、仲間外れにされるといった意味を持つ。

08 **Swan**

白鳥は優雅なだけではないのです

　通訳案内士（ツアーガイド）になりたてのころのある朝、都内ツアーの開始前にお客様に行程を説明していると、イギリス人とおぼしきアクセントで **Do we have time to swan around?** と尋ねられました。**Swan** と聞いてとっさに、「白鳥なら、皇居のお堀で見られますよ」と答えると、笑われてしまいました。しかもそのお客様は「あー、はいはい。アンタ、わかってないのね」とでも言いたげな表情でした。なぜ笑われたのでしょうか。

　辞書で **swan** を調べると、名詞の **swan** は確かに「白鳥」ですが、この単語には、動詞としての使い方もあります。上記のお客様は、特に目的なしに歩きまわること、自由に散策することを言いたかったのでしょう。

　動詞の **swan** にはほかにも、「堂々と歩く」という意味や、少し変わったところでは、「誓う、宣言・断言する」という意味もあります。「誓って言う」を **I swear.** と言いますが、アメリカの一部では **I swan〜.** とも言うようです。

　ほかに **swan** を使った表現としては、**black swan** があります。黒鳥のことですが、極めて珍しいものや出来事のこともこう呼びます。17世紀にオーストラリアで黒鳥が発見されるまでは、**black swan** とは「あり得ないもの」という意味だったそうです。これに関連して、**black swan event** といえば、めったに起こらないが、実際に起こると壊滅的な被害をもたらす出来事を指します。そこから生まれた **Black Swan Theory** は、まったく予想外の出来事が起きると、それまでの常識や経験則が通用しないために、社会や市場に甚大な衝撃や被害を与えるという理論です。そういえばこのところ、ほぼ10年おきに **black swan event** が起きて、世界を震撼させているような……。

　さて、**Black Swan** といえば、ナタリー・ポートマン主演の映画が有名ですが、これはバレエ『白鳥の湖（**Swan Lake**）』をモチーフにした作品

です。『白鳥の湖』は、優美な世界に観客をひきこんでくれますが、美しい白鳥（オデット）と、悪魔の娘でオデットにそっくりという設定の黒鳥（オディール）を同じダンサーが踊り分けるので、大変に過酷です。

　また、**swan song** といえば、芸術家などの最後の作品・活動のことですが、活動休止に際してズバリ ***SWANSONG*** というタイトルのアルバムを発表したバンドがいます。イギリスのグラインドコア／エクストリーム・メタルバンド、「リヴァプールの残虐王」こと、CARCASS です。彼らの紡ぐ歌詞には、グロテスクでおどろおどろしい単語が散りばめられていますが、意外にも、メンバーの多くは動物性食品を摂取しないベジタリアンです。

　Swan Song と聞いて、刑事コロンボを思い出した人もいらっしゃるかもしれませんね。カントリー歌手のジョニー・キャッシュが犯人役で、自家用機事故を装い、自分を搾取する憎い妻（マネージャー）を殺害した回でした。殺人犯となることで、歌手としてのキャリアも華やかな人生も終わったことを意味したタイトルなのでしょう。邦題は『白鳥の歌』ですが、この直訳で、原題に込められた意味がわかった視聴者は少ないかもしれません。

　余談ですが、冒頭のお客様については、**swan around** という表現のことよりも、外でデンタルフロスを使いながら質問をされたことのほうが、より強烈な印象でした。日本の朝の通勤時間帯の電車内にも、ライターを取り出してつけまつげをあぶってカールを付ける女子高生や、スッピンで電車に乗り込んで、車内でフルメイクを完成させるという猛者がいますが（いずれも、首都圏の JR の電車内で実際に目撃しました）、世の中にはいろいろな人がいるものです。**Swan** は美しい人を指すときにも使われる単語なのですが、できれば白鳥のように、いつも美しく優雅にありたいものです。

覚えておこう*!*

Swan
＝ 気ままに出かける、ぶらぶらと歩き回る

09 Passive-aggressive

ひそかに攻撃的

　このフレーズは、一見難しくないように思えるかもしれません。**Passive**は「受け身の」、**aggressive**は「攻撃的な」という意味です。でも初めてこれを聞いたときは少し変な感じがしました。受け身なのに攻撃的というのは相反していて、どのような行動を指すのか明確にイメージできなかったからです。英語でよく言う **oxymoron**（矛盾語法）のようにも思えます。辞書で引くと「受動攻撃性の」とあります。

　Passive-aggressive には何度か遭遇しました。特に覚えているのは、ある1対1の会議です。新たに日本人の部下を持ったアメリカ人が、日本人上司に相談していた場面で、自分の部下を評してこう言いました。

I sometimes don't know how to deal with her passive-aggressive behaviors.

　「受動攻撃性の」という訳では、言いたいことを理解してもらえない気がしたので、具体的にどのような行動か聞きました。すると彼は、「不満があるときに遠回しに皮肉を言う」「明確な意思表示をしない」「話し合いの場で発言をせず、あとで『本当はやりたくなかった』と言う」などを挙げたので、それを一つひとつ訳しました。一度棚上げした **passive-aggressive** 自体の訳は、意味がつかめたら出そうと思っていましたが、具体例を挙げていくうちにすっかり忘れてしまいました。

　一体このフレーズは、いつから使われるようになったのでしょう。1945年の旧米陸軍省の文書に、口を尖らせたり頑固な態度を取ったりした兵士に関して、「攻撃性を受動的な方法で表現した」との記述が見つかっています。また、1950年代に初版が編纂された『精神疾患の診断・統計マニュアル（DSM）』には、**passive-aggressive personality disorder**（受動攻撃性パーソナリティ障害）が含まれており、この時代には、精神科における専門的な用法が多かったようです。2013年の第5版ではパー

ソナリティ障害のリストからこの障害が削除されましたが、より一般的な人の性格を表す表現として使われ続けています。

冒頭の例で出てきた行動以外にも、膨れっ面をする、コミュニケーションを取らなくなる、物事を先延ばしにする、意図的に非効率な方法を取る、ほめ殺しする、など、**passive-aggressive** な行動は多岐に渡ります。そんな行動すべてを一言で表現する日本語はあるのかと、途方に暮れてしまいますよね。

精神医学の文脈であれば「受動攻撃性の」が定訳ですが、多くの場合それでは通じません。また、なるべく短く訳出したい場合もあります。一言で表現するのは難しいですが、状況によって「持って回った」「皮肉な」「嫌味な」「慇懃無礼な」「ほのめかすような」などが使えるかもしれません。

改めてケンブリッジ英英辞典を引いてみると、「怒りをオープンに表現せずに、人の役に立ちたくない、または親切にしたくないという態度を取る」(筆者訳)と説明されています。この定義からも、**passive-aggressive** な行動はいろいろな形で表れる可能性があることがわかります。誰しも、これを言って相手に不愉快な思いをさせたくないなどと気を使うことがあります。言いたいことを直接的に表現しなかった場合、自分で納得した上でなければ、怒りや不満が少しずつ溜まっていき、それが **passive-aggressive** な形で表出するのかもしれません。

日本人には難しいかもしれませんが、ほかの文化圏の人と意思疎通を図るためには、率直な言葉や言い方で気持ちや考えを伝えることも大切です。この経験を通じて、文化の架け橋でもある通訳者が、言葉の裏側の想いを的確に汲み取ることの重要性を改めて感じました。

覚えておこう*!*

Passive-aggressive
= 持って回った、皮肉な、嫌味な、慇懃無礼な、ほのめかすような、消極的な反抗、あてつけがましい、ダンマリを決め込む、など

文脈に合わせて訳したい。

10 **Common denominator**

「公分母」を探せ!?

　あるプロジェクト会議で今後の進め方について討議していたときのことです。クライアントの一人が、ホワイトボードにこれまでに出てきたアイデアを書き出したところで、**Okay, we got Plan A, Plan B and many more. Let's look for the common denominator.** と言いました。それまでの話し合いの文脈からすれば、それぞれの案の良いところを検討していきましょう、という雰囲気でしたが、「共通の分母」の趣旨が何なのか確信がなかったので、その場では文字通り「共通の分母を探していきましょう」と訳して、なんとかやり過ごしました。

　Merriam-Webster 英英辞典によると、**common denominator** は **a common multiple of the denominators of a number of fractions**、つまり、「複数の分数の分母の公倍数」のことを指します。日本語では「公分母」にあたります。

　例えば、1/4 + 1/6 の和を計算する場合、まず片方の項の分母4ともう片方の項の分母6の最小公倍数である12を分母として通分し、3/12 + 2/12として解を導きますね。このときの12が公分母です。

　また、**common denominator** の二つ目の意味として **a common trait or theme**、つまり「共通の特徴またはテーマ」も挙げられていました。あの日のクライアントは「まずはそれぞれのアイデアの共通点を洗い出していこう」と言いたかったのですね。

　ただ、辞書で調べてみても、まだ消化不良の感がぬぐえません。それはこのフレーズを最初に聞いたときに、内心「こういうときって、公約数って言うんじゃなかったっけ?」と思ったからです。学校では、例えば18と24の公約数を導くには、まず $18 = 2 \times 3 \times 3$、$24 = 2 \times 2 \times 2 \times 3$ と素因数分解してから、共通する素因数の2、3、そしてその積6を公約数とし、すべての共通する素因数の積6を最大公約数とすると習いました。

そんな背景もあってか、「共通点」を意味するなら、公倍数的要素のある「公分母」よりも「公約数」のほうが筆者には自然に響いたのです。その証拠に、広辞苑の「最大公約数」の項には数学上の意味のほかに「共通点」という意味も挙げられていますが、「公分母」の項には数学上の意味しか挙げられていません。逆に英語では **common divisor** が共通点という意味で使われることはあまりないようです。

　こうして考えてみると、英語圏と日本語圏の文化の違いが見えてきませんか？　一つ目の例の、分母4も分母6も内に含む公分母12を「共通点」と考える英語の用法は外向きで、ガキ大将も優等生も温かく包み込んでくれるお母さんのような寛容さを感じます（公分母の「母」という文字に若干、影響されているかもしれません……）。一方で、複数の値を素因数レベルまで分解して、どの素因数が重複するかを分析して導く公約数を「共通点」と考える日本語の用法はどちらかといえば内向きで、日本人の几帳面さが表れているようです。筆者は、英語圏での数学の教え方の知識は持ち合わせていませんが、それぞれの文化の違いが出ているようで面白いと感じた一件でした。

　また **single common denominator** は「唯一の共通点」、**strongest common denominator among～** は「～の間に共通する最大の特徴」といった使い方もあります。こうなるともう、分母がどうのこうのと考えるより「共通点！」と覚えてしまったほうが手っ取り早いですね。

　ちなみにメディアの世界では、**lowest common denominator**（最小公分母）の直訳である「最低の共通の分母」を「低俗な大衆の嗜好」と読み替えて「教養の低い人向けのコンテンツ」という否定的な意味で使うこともあるようです。通訳中にこんなフレーズが出てきたら、通訳者もちょっと緊張してしまいますね。

覚えておこう！

Common denominator
＝ 公分母、共通点

11 Glamour model

現場に現れた絶世の美女

　電車の中吊り広告などで目にする水着姿の妖艶な美女。「グラビアモデル」と称される彼女たちを、英語でなんと呼ぶか知っていますか。筆者は女性であることもあり、グラビアモデルについて考える機会は皆無。実際に仕事で出会うまで、「グラビアモデル」の英訳を考えたことはありませんでした。

　某企業から依頼を受けて、ゲストに招いたインフルエンサーの通訳をしたときのことです。会議室に集まった参加者が、気だるくパソコンやスマホをいじりつつ主役の登場を待っていると、登場したのは光り輝く美人。掃き溜めに鶴とはまさにこのこと。一同一気に目が覚めました。モデレーターが早速質問を始めます。「どうしてインフルエンサーになったんですか」。美女の第一声は、「私はグラビアモデルでした」。この発言を英語に訳さなければならない筆者は絶句しました。急いで脳内辞書で「グラビア」を検索します。ない。でもグラビアは英語ではない気がする。一瞬の判断で **I was a model who appeared in men's magazines looking really sexy in a swimsuit.** と意味を説明して乗り切りました。

　帰宅して調べたところ、グラビアモデルに該当する英語として **glamour model** が見つかりました。**Bikini model** や **swimsuit model** といった用語もあり、グラビアモデルと同義で使われている用例もありますが、厳密には本人ではなく、着用している商品を見せるためのモデルのようです。**Pin-up model**/**girl** や **cheesecake** も同じ意味ですが、英語のネイティブスピーカーによると語感が古いとのことでした。

　面白いのが **page three girl** という言葉です。意味はグラビアモデルに近いのですが、イギリスやオーストラリアではタブロイド紙の3面に、トップレスの女性の写真を載せることで販売部数を上げる戦略があり、そこに写る女性モデルを **page three girl** と呼ぶようになったとのこと。

日本のスポーツ新聞にアダルト面があるのに似ているでしょうか。

Glamour は妖艶な魅力、肉体的な魅力などの意味があります。**Glamour photography** は写真の一分野で、日本語の「グラビア写真」の訳語に使えそうですが、グラビア写真はヌードではないセクシーな女性の写真であるのに対し、**glamour photography** はもっと多様な概念のようです。

日本語の「グラビア」は **photogravure printing** からきており、本来は「写真凹版印刷」を意味する印刷用語。溝を彫ってインクを流し込み、その上に紙をのせて転写させる技術です。かつてこの手法で白黒写真などが刷られていたため、女性の肖像にも用いられるようになりました。現代のグラビア写真は「オフセット印刷」という、色を重ねてフルカラーを再現する多色刷りの手法で刷られており、言葉だけが残った形です。**Gravure** はフランス語で「版画」や「彫る」の意味で、英語ではなさそうと思った筆者の勘は、あながち外れていませんでした。

余談ですが、グラビアモデルがよく履いているTバックは **thong** や **G-string** と言います。ただし落とし穴が。オーストラリアでは **thongs** といえば、アメリカやイギリスなどで **flip-flops** と呼ばれる草履型のビーチサンダルのことなのです。さらにややこしいことに、カナダではTバック、ビーチサンダルの両方とも **thong(s)** とのこと。またアメリカでも **thong sandals** といえば、草履型を基本にヒールや装飾などのデザイン要素が加わった、街で履けるおしゃれなサンダルのことです。

たいていの通訳現場で必要なのは、お堅い内容を語るためのお堅いボキャブラリーです。でも油断していると筆者のようにセクシー用語の不意打ちにあうかもしれません。アンテナは幅広く張っておくべきだと反省した案件でした。

覚えておこう!

Glamour model
= グラビアモデル。Swimsuit model などともいう

助け舟

Part

2

おなじみの単語の
違う意味

通訳の現場では、子どもでも知っていそうな簡単な単語に苦しめられることが少なくありません。Part 2で出てくる単語はいずれも、パッと意味が思いつきそうなものばかりです。ところが、シンプルな単語であればあるほど、実は意外な意味を隠し持っていることがよくあります。辞書を引いたとき、後ろのほうに出てきそうなものを集めました。さて、いくつわかるでしょうか。

12 **Dumb**

ポンコツと呼ばないで

技術の進化のおかげで、いまやネット会議システムでの会合が花盛り。すっかり市民権を得たIoT(**Internet of Things**)のほかにも、IoC、IoH(**Customers/Human**)なども存在し、最終的にはIoE、すなわち、すべて(**Everything**)がネットにつながる世界に向かっていると言われています。世の中には smartphone をはじめ、**smart-watch**、**smart-house** など、**smart** を冠したグッズがあふれ返っています。厳密な定義はないようですが、多くの場合、ワイヤレスでほかの機器などにつながるものを指すようです。

通訳業界にもハイテクの波は押し寄せており、**high-skilled** な上に、デバイスやアプリを駆使して活躍している超 **smart** な(頭の切れる)通訳者も少なくありません。残念ながら筆者はその対極にある **dumb**(鈍い、愚かな)と縁が深く、通訳もITも発展途上。せっかくなので通訳における **dumb** 体験をご紹介するとしましょう。

通訳を始めて間もないころ、あるITプロジェクトに、穴埋め要員として放り込まれました。初日に職場で説明を受けていると、突然「まずい、プレゼンだった、急いで!」と会議室へ連れて行かれました。スクリーンを前に大勢の日本人が座り、物々しい雰囲気です。見学だと思いきや、前に押し出されてマイクを渡されました。情報も一切ないまま、問答無用で通訳開始です。耳をダンボ(**Dumbo**)にして必死に聞くものの、背景知識もなく1ミリもわかりません。しかも日本人の大半は頷きながら聞いていて、話が見えていないのは通訳者だけの様子。スピーカーがさあ訳してと目配せしてきますが、マイクを持って硬直状態で、言葉が出ません。するとスピーカーがこう言ったのです。**Oh, let me dumb it down.**

それ以降、うって変わったように話の流れが見え始め、上出来とは言えないながらもなんとか最低限の任務を終えたのでした。**Dumb** な筆者

向けにレベルを落として話してくれたのだと思い、プレゼン後にお礼を言いに行きました。すると逆に「ごめん、うっかりしてたよ」と謝罪されたのです。「常駐の通訳者が出払っているので、今日は初めての通訳者が入るから留意して話すように」と釘を刺されていたとのこと。**Dumb it down**に見下す意図はなく、「専門用語を避けてわかりやすく説明する」というカジュアルな表現だったのです。

それから年月が経ち、IT通訳にもだいぶ慣れてきたころ、電力スマートメーター関連の仕事がきました。この日は折しも関東を直撃した台風被害のあとの、トップ同士の情報共有会議でした。災害後のスマートメーターの障害や復旧状況などが語られる中、外国人トップが、**How about dumb meters?** と尋ねたのです。**Smartphone** に対して、旧式のガラケーなど低機能のものを **dumbphone** と呼ぶのは知っていました。しかし **dumb** は、うまく機能しない、壊れている、とも解釈できること、さらに災害と復旧という内容もあり、この **dumb** がローテク機を意味するのか、故障したハイテク機を指すのか、とっさに判断がつきませんでした。

幸い、その場で発言者に確認ができる環境だったので尋ねてみました。すると、確かにスマート機器が故障している状態を **dumb** と称することもあるが、この場合は自分たちのメーターの優位性を把握するために、ハイテク機器とローテク機器における、障害対応プロセスと復旧にかかる時間の違いを聞きたかったと説明してくれました。コントラストに留意して文脈を追っていれば、正しく判断できたと反省。こうした経験のたびに自分の **dumb-brain** を嘆き、イーロン・マスク氏が掲げる人間の脳とAIを直接つなぐ構想、BMI(ブレイン・マシン・インターフェース)の実現に、思いを馳せるのでした。

覚えておこう！

Dumb
= 旧式(ローテク)の、壊れた、使えない

13 **NATO**

「北大西洋条約機構」じゃなかったの？

　NATOと聞いて最初に思いつくのは **North Atlantic Treaty Organi-zation** の略ではないでしょうか。日本語では「北大西洋条約機構」。第二次世界大戦後に設立された集団防衛機構のことです。日本語では「ナトー」と発音しますが、英語では「ネイトー」に近い発音です。会議通訳者なら、国際会議の場で「ネイトー」と聞こえてきたら反射的に「北大西洋条約機構」と訳してしまうくらい、よく聞く略称です。とはいえ、安全保障や防衛とはまったく関係のない文脈で出てきたら話は変わってきます。

　この言葉を耳にしたのは、デジタル革命、人工知能（AI）に関する国際会議でした。法整備を進めるべきか、企業の自主性を尊重すべきかという話し合いのまとめのところでいきなり **NATO is not good.** と。「なんで**NATO**?」と思いながらも、気がついたら「北大西洋条約機構はうまくいっていない」と口から出ていました。すぐに **NATO** は **No Action Talk Only** の略だと説明があり、「有言不実行はよくない」、つまり、「もう話し合いは十分に行った。これからは行動に移すべきだ」と言いたかったのだとわかりました。しかし、時すでに遅し。続きの発言のおかげで、行動の重要さを強調する訳はできましたが、同時通訳の制約上、「北大西洋条約機構」は訂正できないまま、この発言者の通訳は終了しました。

　このような場合、逐次通訳で少しでも時間をもらえれば誤りを訂正できるのですが、同時通訳の場合は、間をとって誤りを修正するのか、諦めて次の発言の訳に集中するのかを天秤にかける必要があります。加えてこの時は、ちょうどパートナーの通訳者と交代するタイミングで、訂正する暇はありませんでした。

　このあと、イギリス人数人にこの表現を知っているかと聞いたところ、皆「知らない」との回答でしたので、それほど浸透している表現でもなさそうです。けれども2006年の英エコノミスト誌の **NATO**（北大西洋条約

機構)を批判する記事で "**No Action Talk Only**" が見出しになっていたり、Urban Dictionary の第4語義になっていたりするので、一部では使われている表現のようです。組織内での行動を促したい場合は、**Don't allow NATO into your organization.** のようにも表現できます。

「有言不実行」を意味する、よく知られた慣用表現には **talk the talk but not walk the walk** があります。または短く **all talk** だけでも同じような意味で使われます。例えば **She's all talk (and no action).** といえば、「彼女は口ばっかり」。けれども、このような一般的な慣用表現ではなく **NATO** を使うと、普通は「北大西洋条約機構」を思い浮かべるので、インパクトが強くなる効果もありそうです。

こうした「有言不実行」の慣用表現には、「言葉より行動」や「有言実行」を意味する **walk the walk**、**talk the talk and walk the walk** などの関連表現があります。文章では、**If you're going to talk the talk, you've got to walk the walk.**(口約束をするなら、ちゃんと実行しないといけないよ)のように使えます。または短く **Walk the talk.**(言う通りにやれよ)と言う場合もあります。

「不言実行」はいろいろあって、**all action and no talk** や **action before words** など直接的なものから、**actions speak louder than words** や **deeds not words** など、少しひねりの効いたものまでさまざまです。「行動力がある(人)」は **He's a man of action.** のように表現することもできます。

ところで **NATO** は **Not A Team Operator**(協調性がない人)の略語としても使われています。**Mr. Smith was dismissed as NATO.** なら「スミスさんは、協調性がないため解雇された」となります。前述のものとはまったく意味が異なるので、文脈に注意が必要です。

覚えておこう!

NATO
= No Action Talk Only　有言不実行

14 **Bitching**

「あばずれ」かと思いきや……

　言葉遣いは、その人の品格、ひいては育ちまであらわにすることがあります。たった一言で「お里が知れる」「教養がない」と判断されることもあるでしょう。ゆえに発話者は、その言葉の直接の意味だけでなく、他者に与える印象にも気をつけなければなりません。当然、英語でも同様です。例えば f-word や r-word と言われる単語を頻発したら、「品がない」と思われる。それほど、コミュニケーションにおいて言葉遣いは重要な要素です。

　では、bitch という単語はどうでしょう。Son of a bitch で知られるように、少し英語を勉強した人なら、この単語が主に悪い意味で用いられることはわかりますね。Bitch の元の意味は雌犬。そこから転じて「あばずれ女」「尻軽女」といった侮辱的な意味が一般的に知られています。ですから、他人に向かって使用すれば、言い争いの種になりかねません。この種の罵り言葉がきっかけで、暴力事件へと発展するのは、スポーツの世界ではよくあることです。

　しかし、こうした悪い意味以外で使用される場合もあります。これを知らない、あるいは想定していない場合、思い込みで訳すと、とんでもないことになります。

　通訳現場でこの bitch が登場したのは、法廷でのことでした。ある事件の公判で、被告人が被害者について She had a bitching hair style. と形容しました。法廷通訳人としては、もちろんすぐに日本語に訳出しなければなりません。ところが、この時は一瞬頭が真っ白に。そもそも bitch という単語には悪いイメージしかなく、「あばずれっぽい髪形？ あばずれという言葉自体、法廷で発していいのかしら。確か、被害者のことを魅力的って言っていたはず。どういうこと？ もしかして良い意味?」と頭の中でグルグル。日本語への訳出に戸惑ってしまいました。

被告人は被害者を蔑むようなことは言っておらず、むしろ魅力的だ、ひかれていたと語っていました。その流れから悪い意味で使用したとは考えにくく、その意味をもう一度確認しました。すると、被告人が言いたかったのは、「彼女はステキな髪形をしていた」ということでした。

　法廷内での発言はすべて証拠になるため、一言一句違わずに訳すことが重要になります。通訳者の一言が被告人、被害者のその後の人生を大きく変えることにもなりかねません。ゆえに法廷通訳人の責任は重大で、一単語ずつ忠実に訳すだけでなく、仮に発話者が何度も同じことを言ったとしても、まとめて訳出することは許されません。

　このような状況下で、**bitching hair style** という発話を否定的な意味で日本語に訳出していれば、被告人に対する心象も悪い方向に向かったことでしょう。しかし、被告人は被害者を魅力的だと感じ、また髪形もステキだと感じたことが、この事件の発端にもなっており、この点を肯定的に訳出するか否定的に訳出するかによって、ともすれば判決にも影響が出る可能性がある、重大なポイントだったのです。

　英語が好き、通訳に関心がある、という人は、主体的に情報収集することが多いでしょう。多くの知識と情報を蓄積することは、われわれ通訳者にとっても必要であり大切です。ただ、注意しなければならないのは、自分が持っている知識や概念に固執しない、惑わされないことです。特に **bitch** のように悪い意味だけが強調されがちな単語は一度学習すると、その意味やイメージが刷り込まれがちなので要注意です。

　かつて学んだイメージや固定観念に縛られていると、思わぬところで足をすくわれることになりかねません。まさに、**bitch** は定番の意味だけにとらわれてはいけない一例です。自ら使用するにはややリスクがありますが、良い意味で使われる場合もあることを覚えておきましょう。

覚えておこう！

Bitching
＝ 素晴らしい、格好いい

15 **Train**

意外に意味が多彩なのです

　レーザーといえば、美容の分野で、日常的に使われています。しかし、今回取り上げる案件は、日常からかけ離れた「レーザー溶着」に関する技術会議。筆者はもともと、メーカーの技術部に所属していたので、技術用語には多少なじみがありますが、技術系は分野も機械系、輸送系、建築系、情報系とさまざま。ひと口に技術案件といっても幅広く、「技術部出身＝技術なら何でも対応可」ではないことはなかなか理解してもらえません。機密内容だからと、当日まで資料をもらえないこともよくあります。

　You train the laser gun on the work piece. レーザー溶着説明のプレゼン中、ドイツ人エンジニアが放った一言です。もちろん、投影スライドに列車はない。**Train** といえば、子どもに人気の機関車トーマス、女性なら誰もが憧れる裾の長いウェディングドレスの「ロングトレーン」。メカエンジニアなら、駆動系部品の「ドライブトレイン」を思い浮かべるかもしれません。

　動詞でもいろんな意味があります。「訓練する」「教育する」「列車で移動する」などよく知っているものです。とはいえ、これらを用いて冒頭の文を訳す努力をしても、レーザーガンを **train** することはできません。とっさに「レーザーガンをワークに！」と、潔く **train** の動詞訳は切り落として訳しました。知らないものは訳せないリスク回避策。聴衆は意外にも自然に受け止めている様子だったので、拍子抜けしつつ、事なきを得たと胸をなで下ろしました。その後、このフレーズが出てこなかったことは幸いでしたが、会議中、頭の中ではトレインがリフレインしていました。

　あとで辞書を調べると、レーザーガンをワークに「向ける」という意味があることが判明しました。当然のことながら、辞書で **train** の意味として真っ先に記載されているのは「列車」。二番手は、ドレスのトレーンがくると思いきや、**a number of people／animals moving in a line**

（一行、群れ）でした。三番手に、**a series of events or actions that are connected**（連続、ひとつながり）で、最後がドレスのトレーンでした。

ほかにも、**train trees** で「整枝する」という意味もあります。盆栽の **pruning and training**（剪定と整枝）という項目では、**Training is a practice where the growth of a tree, usually when young, is managed to affect a desired size and form.**（木を好みのサイズや形に矯正しながら成長させること）と説明されています。盆栽は、矯めるだけでなく、枝葉の剪定もあるので、**pruning** とセットで使われるようです。

いまでこそ、名詞は「列車」、動詞は「訓練する」と辞書に書かれていますが、起源を見ると、はるか14世紀の中世においては、古フランス語で「ガウンの一部」という意味だったとか。なんと、現在では列車に第一の意味の座を譲った、ドレスのトレーンです。時代とともに、ドレスのトレーンは不要になったということなのでしょう。辞書での順序がさらにどう変わっていくのか、今後が気になります。

通訳に入る前に、クライアントから入手した資料、関連する用語、背景などは徹底的に調べるものの、案外つまずくのは、中学校で習うような簡単な表現だったりします。実は多義語で別の意味を知らない、連語を確認していなかったなどが原因です。上記のような経験をすると、すべての単語に自身の知らないほかの意味があるかもと疑うようになりました。すでに知っている知識だからと油断、慢心することなく、常に辞書で単語のすべての意味を確認することが肝要です。事前リサーチは「点」ではなく、「面」でくまなくすべきだと反省しました。

覚えておこう！

Train
＝ 〜を（の方向に）向ける、整枝する

Pruning ＝ 剪定、trimming ＝ 整姿、training ＝ 整枝もあわせて覚えたい。

16 **Sandbag**

ボクシングの練習ではありません

　ボクシングなど格闘技の練習に使われるサンドバッグ。近年ではボクササイズの普及で、体力作りや運動不足解消、さらにはストレス発散用と、サンドバッグはさまざまなところで活躍しています。

　会話でサンドバッグの話が出てきたら、誰しもおそらく同じもの（天井などから吊り下げた砂袋）をイメージするでしょう。もちろんそれも間違いではありませんが、英語の **sandbag** は堤防などに積まれる土嚢や砂袋のことを示す場合があります。このどちらも名詞として使用されていますから、動詞としての用法にはなかなか思いが至らない、もしくは意味がわからなくなることもあるのではないでしょうか。

　とある仲裁案件でのこと。この事案は某事業に関係する2人が対立し、終始ののしり合う状況が続いていました。人目をはばからず激しく言い合う2人。一方が相手方を非難する言葉の中で、「あなたは信用ならない」という一例として出てきたのがこの表現、**He sandbagged me.** でした。

　仲裁案件そのものとは無関係でしたが、相手方の人となりを示す例としてその場で持ち出されたのは、この両者が一緒に賭けゴルフをしたときの話。非難している側は、相手がスコアをごまかして、お金を巻き上げようとした、そういう人物なんだと、まくしたてます。そもそもゴルフで賭けをすること自体問題ですが、それに加え、スコアまでごまかしたのだと相手を責め続けます。

　話者の激しい口調と怒りの表情から、相手を非難していることは容易に想像がつきましたが、この発言を聞いてもすぐに **sandbag** の訳が思い浮かびません。冷静になって考えれば、**sandbag** は動詞（しかも過去形）ということは構文から理解できるはずでしたが、この時は不覚にも文構造を見失ってしまいました。音声で「サンドバッグ」と聞いたときに脳裏に浮かんだ映像は、まさにジムにあるようなサンドバッグだけ。もちろんそん

な意味ではないので、現実には頭の中をクエスチョンマークが飛び交っていました。さらに焦りも加わり、土嚢に思いが至らないばかりか、動詞だということにすら気づけず。わずか3単語の文が訳せなくては、通訳者としては失格だ、という思いにとらわれ、身体が強張るのを感じました。

　そんな危機的状況の中、唯一の救いは、逐次通訳だったことです。この話は、前述の1文だけではなく、少し長めの状況説明があったので、なんとか訳出しながら**sandbag**を辞書で引く時間を稼ぎ、最後に「彼はスコアをごまかしたんです」とまとめて、訳出の抜け落ちを防ぐことができました。その場はなんとか乗り切ったものの、この時ほど、聞きなれた和製英語の落とし穴を痛感したことはありませんでした。

　さて、帰宅後、改めて辞書を確認してみると、動詞の**sandbag**の意味としては、「意図的に相手をあざむく」「実力を隠す」「弱いふりをする」などが出てきました。なるほど、係争中であれば、**sandbag**という単語を用いることで相手方の信用を失わせる効果は確かにありそうです。対立する場面で、言葉の威力を最大限に生かそうという狙いを感じました。

　いまや、和製英語はあちこちにあふれています。カタカナ英語もいたるところで見かけます。もちろん、それらすべてが間違っているわけではなく、日常のコミュニケーションで必要なものもあるでしょう。日本語にすっかり浸透していて、まったく違和感を覚えないものもあります。けれど、日本語として使われるうちに、英語本来の意味が失われている、あるいは違うニュアンスになっている可能性は否定できません。いざ、英語として使おうと思っても、なんとなく使っていたり、うろ覚えだったり、和製英語やカタカナ英語と区別がつかなかったりすれば、役には立ちません。語学学習の一環として、単語の意味をその起源から見直してみるというのは、非常に有効な方法だと思います。

覚えておこう！

Sandbag
= 相手をあざむく、実力を隠す、弱いふりをする

17 **Timepiece**

特別な逸品

　駆け出しのころ、通販番組の通訳をしていました。日本人司会者と外国人ゲストの間に座り、司会者の日本語をウィスパリング（ささやくように行う同時通訳）でゲストに伝えつつ、ゲストの英語を逐次通訳で視聴者に届けるのが役目でした。

　通販番組には独自のルールがあり、放送禁止用語はもちろん、虚偽・誇大広告にあたる表現が禁止されています。加えて、装飾品については「ラグジュアリーな世界観」という商品の特性上、安っぽさや商売の生々しさを想起させる表現も避けるよう指示されていました。

　たとえゲストがこの種の発言をしたとしても、別の言葉に言い換えなければなりません。**Gold-plated** は金メッキではなく「ゴールド・コーティング」、**great value** も「お買い得」ではなく「お財布に優しいのに、こんなに贅沢」といった具合です。

　言いよどんではいけないし、聞き返してもいけません。瞬時に適訳が浮かばない単語や口に出せない言葉は、考え込まずに聞こえのいい表現へとどんどん置き換えていきました。視聴者が番組を楽しんで、その結果として商品を買ってくれる。それが最優先される世界の中で、ゲストの発言を忠実に訳すというより、それをうまく料理して、商品の魅力を伝えるセールストークを紡ぎ出すことが求められていたように思います。

　そんなある日、アメリカのアクセサリーブランドの代表をゲストに迎えた番組で、こんなやり取りがありました。

司会者：お次もとっておきの「おすすめアイテム」なんですよね？

ゲスト：**Yes. I'm so excited! It's actually another favorite of mine. An absolutely beautiful timepiece.**

　　　　「ええ、とてもわくわくしています！ 実はこれも私のお気に入りの一つ。本当に素敵な **timepiece** なんですよ」

この **timepiece** を「時代がかったもの」と思い込み、「アンティークな趣の逸品」と訳しました。ところが、画面の商品はどう見ても「アンティークな趣」ではない時計。内心パニックに陥りつつ、「まるでアンティークのように時代を超える美しさ」などと付け加え、何とか軌道修正をしました。

Timepiece は「時刻や時間の経過を計る装置」すなわち「時計」という意味でした。同じ単語の重複を避けるために、**watch** や **clock** の前後に使われることもありますが、収集家の間で好まれる表現だからでしょうか。少し気取った文脈で使われることが多いようです。時計マニア向けの雑誌記事やブログでは「これは **watch** ではない。まさに **timepiece** だ」という表現を見かけたりもします。

ネットで画像検索すると、違いは一目瞭然。**Watch** の検索結果は、高校の入学祝いのような腕時計で埋め尽くされるのに対し、**timepiece** では、機械式腕時計の歯車や、懐中時計の画像が並びます。あるいは「針のない時計」といったアート作品のような時計にも **timepiece** は使われています。いずれにしても「ありふれた一般的なものとは違う、特別な存在」というニュアンスです。

一方、業者が、たかだか数千円の時計に高級感を与えようとこの単語を使ったりもするため（冒頭の通販番組についてはノーコメントですが……）、それを皮肉ったり、高級時計マニアを揶揄したりする使い方もあります。そのイメージをつかんでいただくために、こんなジョークもご紹介します。（筆者訳。出典：Urban Dictionary）

時計業者1：この時計で15ドル以上儲けるにはどうすればいいだろう？
時計業者2：値段にゼロを四つ付けて、**timepiece** と呼ぶのさ。
時計業者1：名案だ！

覚えておこう！

Timepiece
= 時計（ただし、特別なものを指すことが多い）

18 Eccentric

機械がエキセントリック？

　皆さんは **eccentric** という言葉に、どんなイメージがありますか？　普通でない、風変わりな、奇抜な……。カタカナでもよく聞く言葉ですが、これが機械関係の技術的な会議で出てきたらどう思うでしょうか。

　日米の技術者によるミーティングの通訳をしていたときのことです。機械の構造や挙動についての会議の中で、アメリカ人技術者が、「**eccentric** な場合はどうなるのか」と尋ねました。**Eccentric** と聞いたとき、頭の中には、奇抜な恰好で衝撃的な歌を歌うロック歌手の忌野清志郎や、前衛的な演劇集団として人気を博した「劇団スーパー・エキセントリック・シアター」がパッと浮かびました。この機械はそんな変わった動きをするのか、きっとそれを冗談っぽく言っているのだろうと思いつつ、「エキセントリックな場合は……」と訳しました。直後に、場がくだけた雰囲気になるものと予想し、訳しながら少し表情もゆるんでいたかもしれません。

　ところがその後、技術者を絵に描いたような堅い雰囲気の参加者が、「エキセントリック、ヘンシンですね」と言うではないですか。「エキセントリックに変身」するのか、と思いながら次の展開を待っていると、「エキセントリックな場合は……」とそのままカタカナを使ってまじめな調子で説明を始めたのです。よく聞くと、機械の一部で軸が中心から外れている場合、つまり「変身」ではなく「偏心」について話していたのでした。発言者の言葉の調子から、「そのエキセントリックじゃなくて、中心を外れたという意味。機械ではよく使うよ」と教えられた気がしました。

　気まずさを覚えながらも、そのあとは、まじめな顔で何事もなかったかのように通訳を続けました。そういえば、中心から外れた「偏心」という意味も、どこかで聞いたことがあったような記憶がよみがえってきます。カタカナのエキセントリックの印象が強すぎて、それしか浮かばなくなってしまっていたのが、とっさに思い出せなかった原因でした。

Eccentric の語源はラテン語、さらにさかのぼればギリシャ語で、**ec**（**ex**：外へ）+ **centr**（**center**：中心）+ **ic**（形容詞語尾）から成っています。「中心が同じではない」が元の意味で、この意味での対義語は **concentric**（中心を同じくする、同心の）です。**Concentric circles**（同心円）はイメージしやすいでしょう。

Merriam-Webster 英英辞典のオンライン版によると、遅くとも1630年ごろには、**eccentric** は比喩的に「既存の型や様式から外れた」という意味で使われていたようです。冒頭の会議で、最初に頭に浮かんだカタカナのエキセントリックはこちらの意味です。また、**eccentric** には「軌道が偏心的な、円ではない」という意味もあります。ハレー彗星などが描く楕円の軌道は **eccentric orbit**（離心軌道）といいます。ちなみに地球の軌道もわずかに **eccentric** です。

モーターなどの場合、回転軸が中心を外れたという意味でも使われます。**Eccentric motor** は偏心モーターなどと呼ばれています。通常、モーターはできるだけ振動をなくすように設計されていますが、振動を発生させるために、モーターの軸におもりを取り付ける場合があります。重心が軸からずれた状態で回転することにより、モーター本体が振り回されて振動するのです。洗濯機で洗濯物を脱水するとき、洗濯物が片方に寄っているとガタガタ振動するのと同じ原理です。スマートフォンや携帯電話のバイブレーション、電動歯ブラシなどは、この原理を応用しています。

カタカナで日本語に取り入れられた言葉は、そのイメージが定着してしまっているので注意する必要がありますね。それにしても、エキセントリックに変身した機械を見ることができなかったのは残念でした。

覚えておこう！

Eccentric
＝ 中心を外れた、偏心の、軌道が円ではない

19 **Set**

数学嫌いの救世主

　あるIT関連の会社で、データベースに関する講義の通訳をしていたときのことです。受講生から質問を受けた外国人講師が、**Suppose we have two sets, X and Y...**（例えば、**X**と**Y**という二つの**set**があるとしましょう……）と言いながら、ホワイトボードにこんな図を描き始めました。

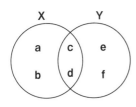

これは、数学で複数の「集合」の関係を表すときに使うベン図（**Venn diagram**）と呼ばれるものです。名前は忘れても、見覚えはある人も多いのではないでしょうか。最初、**set**を「セット」とカタカナで訳

したのですが、図を見て、慌てて訂正しました。**Set**には数学の「集合」との意味もあるからです。

　実は、この**set**に限らず、英語の数学用語には、日常生活で普通に使われている単語が数多くあります。例えば、この図の**X**の円と**Y**の円が交差した、**c**と**d**の入っている部分は**intersection**と言います。道路の交差点と同じ単語です。また、**X**と**Y**両方の中身をすべて合わせたもの（**a, b, c, d, e, f**）は、**union**と呼ばれますが、「結合、合体」などの意味を持つこの単語も、**labor union**（労働組合）や**European Union**（欧州連合）などの言葉でおなじみですね。ちなみに、**X**と**Y**の「中身」のことは、**element**や**member**と言います。**Element**の意味は構成要素、**member**は説明するまでもありませんね。

　ところが、日本語では、これらが積集合（**intersection**）や和集合（**union**）、元（**element**）などと呼ばれたりもするわけです。筆者がかつて数学が大の苦手だった理由の一つには、こうした用語のわかりにくさもあったかもしれません。

　もう一つ例を挙げましょう。**Fraction**という単語です。「断片」や「ほん

の一部分」という意味を持つ名詞ですが、数学では「分数」という意味になります。この分数の「分子と分母を同じ数で割って簡単な形にする」こと（例：8/24→1/3）を「約分する」と言いますが、英語では **reduce** や **simplify** という動詞を使います。数字を「減らして小さくする」あるいは「単純にする」なんて、とても直感的でわかりやすいですよね。

こんなふうに、英語の数学用語の多くは、一見「ごく普通の」単語なので、通訳するときには、逆に注意が必要です。まず、それが数学用語だと気づかなければなりません。実際、現在のデータベースの主流である「リレーショナル・データベース」という仕組みは、実は集合の理論が深く関わっているそうで、もし筆者がそのことを知っていれば、データベースの講義で **set** と言われたら、はじめから「集合」と訳せていたかもしれません。

日本で使われている数学用語の多くは、もともとは西洋の数学書を日本人の研究者が翻訳した、あるいは、いったん中国に伝わり、中国語に翻訳されたものが日本語として定着したものです。つまり、その道の専門家が苦労して考えた言葉、あるいは、日本語ですらなかった言葉なのです。概念をよく理解した上で改めて用語を見ると、1文字1文字にエッセンスが凝縮されていて、ある種の感動を覚えるほどですが、初級者が数学を学ぶ上では、理解の足かせになることもあります。

一方、英語の数学用語は、通訳者から見れば要注意でも、学習者にとっては強い味方。例えばアメリカの小中学生向けに書かれた参考書を開いてみると、ある程度英語を学んでいれば直感的に意味を推測できるような単語が並んでいます。英語の勉強も兼ねてパズルを解くような気分で挑戦すれば、数学の持つ本来の面白さに触れるきっかけになるかもしれません。

覚えておこう！

Set
= 集合（数学用語）

20 **Grandfathering**

「おじいさんする」ってどういうこと?

Grandfather といえば「祖父」や「おじいさん」。おそらく小学生でも知っているこの単語は、「祖先」や「先祖」という意味で使われることもあります。現役の通訳者がつまずくはずもない名詞ですが、これが動詞だったらどうでしょう。 環境や金融の知識がある人なら「グランドファザリング(**grandfathering**)」という言葉を聞いたことがあるかもしれません。通訳の現場でも、たまに登場することがあります。

例えば、環境関連の会議で「グランドファザリング」と出てきたら、温室効果ガスの排出枠の「実績割当方式」のことですし、金融分野であれば、新たな規制を導入する際の「経過措置」を意味します。

いずれの場合も、カタカナのまま業界用語として定着しており、わざわざ訳す必要はありません。そのため、正直なところ、この言葉の本来の意味を考えたことが一度もありませんでした。「これまでの事情」に配慮したり、「猶予期間」を与えたりしていることから、「おじいちゃんのような包容力で見守る」みたいな意味かな、くらいに思っていました。まさか、意外な分野で **grandfathering** と再会し、ちょっとしたピンチに陥るなんて、思いもよりませんでした。

ある日、外国人講師による IT 系の講義の通訳をしたときのことです。講師の **if you choose to grandfather your existing data...** という発言を、いつものように「既存のデータをグランドファザリングする場合には……」と **ing** を付けてカタカナで訳出しました。ところが、あいにくデータの世界に「グランドファザリング」なんて用語は無かったようで、受講生の一人からすかさず「グランドファザリングって何ですか」と質問を受けてしまいました。

このようなケースでは、講師が答えるまでもなく、通訳者が日本語に言い換えれば済む場合もあります。でも、この時は、実際に何を指している

のか、果たしてデータの場合も前述の「実績割当方式」や「経過措置」などが当てはまるのか見当がつかず、疑問をそのまま講師にぶつけるしかありませんでした。

　講師の説明によると「データのグランドファザリング」とは「ある条件を新しいデータにのみに適用し、もともとのデータは対象外とすること」を指すのだそうです。例えば、ある会社が商品を一律5%値上げするとき、既にシステムに登録されている在庫品は処理の対象外とし、これから新規に登録する商品にのみ適用する、といったケースです。

　おかげで、この言葉の意味するところは理解できましたが、なぜこれを**grandfathering**と呼ぶのかはわからずじまい。気になって帰宅後、改めて調べてみました。そうしたらびっくり！ この言葉、南北戦争後の19世紀後半にアメリカで成立した憲法修正条項に端を発するというのです。

　憲法改正により、アメリカでは人種を問わず投票権が認められるようになりました。でも、南部の州では実質的に黒人に投票権を与えないようにしようと、読み書き試験に合格し、投票税を払わなければならないといった厳しい条件が課されました。ところが、そうすると読み書きができない貧しい白人も投票できなくなってしまう。そこで「南北戦争の前から選挙権のあった人たち（＝おじいさん世代）とその子孫は免除する」ことを目的に州憲法に追加されたのが、この言葉の語源となった**grandfather clause**（グランドファーザー条項、祖父条項）でした。

　「実績割当方式」や「経過措置」、時には「既得権益の保護」とも訳されるこの言葉。まちまちに思えた訳語の意味が、語源を知ることですべてつながり、その後は文脈にあわせた訳が出せるようになりました。

覚えておこう！

Grandfathering
＝ 既存のものを新しい条件や規則の対象から外すこと

²¹ **Hump day**

ラクダのこぶから連想

　日本では、毎年12月にその年に流行した新語・流行語大賞が発表されます。「アラフォー」「爆買い」「インスタ映え」のように、単なる一過性のはやり言葉ではなく、日常会話に定着している言葉も多くあります。当然ながら英語にも新語や流行語があり、アメリカでは大手辞書出版社が毎年、**Words of the Year**を発表しています。

　最近の流行語では、**fintech**（フィンテック：テクノロジーを金融サービスに利用する革新的技術）や**Brexit**（ブレグジット：イギリスのEU離脱）などの造語や、**BFF**（**Best Friends Forever**：大親友）や**OMG**（**Oh, My God**：何てこと）といった省略形など、さまざまな種類や成り立ちの言葉があります。またこうした流行語は、インターネットやメディアの影響で、一般に広がる速度もどんどん加速しているようです。この**hump day**は、あるアメリカの自動車保険会社がテレビコマーシャルで使用して流行させた言葉なのですが、知らないうちに広まっていて、自分が気づいたころには時すでに遅し、でした。

　毎年ニューヨーク市で開催される不動産業界の会議で通訳をしていたときのことです。登壇したスピーカーが開口一番、**Happy hump day, everyone!** と元気よく挨拶をしました。スピーカーの背後のスクリーンには大きなラクダの写真が映し出され、会場からは笑い声も聞こえてきます。スピーチのつかみのジョークであるのは明らかです。**Hump**がラクダの背のこぶであることは知っていましたが、なぜこれが面白いのかがまったくわかりません。苦し紛れに「今日はラクダの日のようですね」などと自信のない訳出をしました。

　あとで調べてみると、コマーシャルで使われている言葉だとわかりましたが、その動画では、ハイテンションなラクダがオフィスの中を「今日は何の日か知ってる〜？」と言いながら歩き回っているだけです。動画を見て

も、なぜ面白いのかはわからないままでした。

　後日、アメリカ人の友達に説明してもらったところ、この **hump day** は水曜日の意味だというのです。**Hump** という言葉にはラクダのこぶ以外にも、**hill**（丘）という意味があり、**over the hump**（峠を越える、難局を乗り越える）という熟語も存在します。つまり、一週間の真ん中にある水曜日を、小さな丘のように盛り上がったラクダのこぶにたとえているのです。オフィスで働く会社員たちにとって、水曜日という峠を乗り越えれば、あとは下り坂、待ち遠しい週末はもう目の前、ということなのでしょう。ちなみに、**hump day** という言葉は新語ではなく、以前から使われていたようです。その由来には諸説ありますが、コマーシャルのおかげで一気に流行語になりました。

　こういった新語や流行語を、講演会や会議の場でスピーカーが使うことはよくあるため、通訳者は日ごろからアンテナを張り、時事ニュースや話題の書籍などを読んだり、YouTube で動画を見たりしています。ただ、インターネットや SNS の影響で、流行は目まぐるしく変化するため、中にはあっという間に消えてしまった流行語もあります。

　例えば、2018年に SNS を介して瞬く間に広まった **Yanny or Laurel**。複数の音が合成された録音を聞き、**Yanny** と **Laurel** どちらの言葉に聞こえるか投票するというゲームでした。当時はアメリカ中の家庭や仕事場、なんとアメリカ大統領の官邸であるホワイトハウスまでも **Yanny** 派と **Laurel** 派に分かれて討論したものです。ところが、この原稿を書いている2020年の春、これを話題にする人はもはやほとんどいません。こんなふうに消えてしまう流行語を追いかけるのは大変ですが、通訳者としてはどんな言葉にもアンテナを張っておきたいものです。

覚えておこう*!*

Hump day
= 水曜日

22 **Parochial**

辞書訳では表現しきれない思い

通訳者は、その言語のエキスパートと認識されています。ただ、言語である以上、すべての語彙を網羅することはほぼ不可能です（そもそも母語ですら、存在するすべての単語を知っているという人はまずいないと思います）。ところが、「通訳者」という肩書きは、その言語に堪能な人を刺激しやすいらしく、要らぬ挑戦を受けることも少なくありません。

この表現が出てきたのは、数年前に担当した、非常にデリケートな内容の会合でした。機密保持義務がありますので、詳細は語れませんが、ある大株主が、会社の経営に物申すために社長を呼び出したという、かなり緊迫した場面でのことでした。

社長は日本人、大株主は日本人ではない投資家です。この会社を完全にコントロール化に置くことも辞さない構えの大株主は、あえて、自分と社長、そして通訳者のみの会合を設定し、三者は都内のホテルで顔を合わせました。大株主は、いかにこの日本企業がビジネス機会を失っているか、世界の潮流から置いていかれているかを責め立てます。それに対し、日本人の社長は、外から見ていてはわからないさまざまな日本固有の事情があるのだと、説明を重ねました。

ひとしきり話を聞いた上で、大株主が放ったのが、次の一言でした。

You are being too parochial.

文脈上、大株主が、この企業の取り組みに物足りなさを感じていること、「それでは不十分だ。足りない」と言いたいことはわかりました。逐次通訳だったので、その前後も含めた長い発言をまとめる必要もあり、ここは文脈に沿った訳であれば、ほぼ問題ないだろうと思って訳し始めました。

ところが、この大株主は、**parochial**という単語に非常にこだわりがあったようで、日本語がわかるわけでもないのに、「君はきちんと**parochial**の意味を社長に伝えたのか」と聞いてきます。ここまでこだわ

られたら、こちらも逃げようがないので、大人しく電子辞書を引きました。

　最初に出てきた訳は「教会区（**parish**）の」でした。この意味での**parochial**は聞いたことがありました。しかし、文脈から考えて、突然教会区が登場するとは思えません。さらに電子辞書をスクロールすると、「町村の」「地方的な」などに続いて「（考えなどが）狭い、偏狭な」という訳が出てきました。

　後日、語源を調べてわかったことですが、やはり教会区の、という意味が先に存在したようです。一教会区内に限られている（範囲が狭く、限定されている）という意味から転じて、物の見方や視野が狭いことを比喩的に表す表現になったとのこと。**Parochialism**という名詞もあり、こちらは「地方根性」と訳されている例も見受けられました。

　言葉の意味を調べていくうちに、前述の大株主がこの言葉にこだわった理由がわかってきました。日本人社長の提案や考え方が「偏狭だ」と断じたいだけであれば、より一般的な**narrow-minded**などでもよかったわけです。しかし、大株主は、ただ視野が狭いだけではなく、社長の「島国根性」が問題なのだと言いたかった。日本の個別の事情ばかりを優先して会社運営をしていては、グローバルな企業として成長することはできない。だからこそ、**parochial**という形容詞を用いて、目を覚まさせようとしたのだと思います。

　通訳をしていたときは、そこまで思いが至らず、辞書に頼って「考えが狭い」と訳したように記憶しています。自分の語彙力のなさを反省すると同時に、通訳という仕事の奥深さにも改めて気づかされた貴重な経験となりました。

　あの日の会合で大株主の思いはきちんと伝わったのか。それを確認するために、この企業の成長を陰ながら見守っていくつもりです。

覚えておこう！

Parochial
＝ 考えや視野が狭い、偏狭な

23 **Candy**

おいしい仕事の甘い罠?!

　今回のエピソードの主役は、Part2に登場するほかの「おなじみの単語」とは少し毛色が違います。ぜひ自分のお気に入りの **candy** を思い浮かべながら読んでみてください。

　舞台は、外資系企業の社内研修です。本社から派遣されたアメリカ人講師が、日本人社員を対象にコンプライアンスに関する講義を行うというものでした。受講生は全員英語が理解できるという前提で、通訳者は、万が一日本語で質問があったときだけ、講師のために英語に訳すよう指示されていました。ほとんど丸一日、ぼーっとしているだけで務まるなんて、「おいしい」仕事だと思いました。

　講義の冒頭で、講師が言いました。「午前と午後の終わりにテストをします。全問正解した人には **candy** を進呈しますよ。健闘を祈ります」。午前中の講義が終わり、約束通り、テストの時間になりました。難しい問題だったようで、全問正解者はたった1人でした。

　講師が賞品を手渡そうと **candy** を紙袋から取り出したとき、教室が一瞬どよめきました。賞品が思いのほか豪華だったのでしょうか。それにしては、称賛や歓喜よりも困惑の感情が伝わってきます。筆者たち通訳者は、少し離れたところで、違和感を覚えながら見守るだけでした。

　その後、食堂で昼食をとっていたら、隣のテーブルから受講生の会話が聞こえてきました。「賞品、キャンディーじゃなかったね」「うん。キャンディーなんてショボいなぁ、と思っていたから、逆にうれしいよね」。そういうことか! 先ほどの「どよめき」の謎が解けました。

　日本語の「キャンディー」は、主に飴やキャラメルのことを指すのに対し、アメリカで **candy** といえば、チョコレートやマシュマロ、グミ、チューインガムなどまで含みます。日本語でいう「お菓子」のような、もっと広い意味です。ちなみに、全問正解者の賞品は、立派な箱に入ったチョコレー

トの詰め合わせでしたので、「賞品は飴玉」だと思っていた受講生たちが驚いたのも無理はありません。

　こんなふうに、外来語は元の意味と日本での使われ方にズレが生じていることがあります。例えば、日本語で「ジュース」といえば、炭酸飲料なども含む清涼飲料水全般のことですが、英語の juice は果汁100%の飲料のみを指します。これは、candy の場合とは逆に、日本語のほうがより広い意味を持つようになったケースです。

　甘いものといえば、こんな例もあります。カタカナの「スイーツ」という言葉です。これは90年代末から2000年代にかけての、洋菓子職人たちの取り組みに端を発しています。当時、雑誌などで「パティシエ」という言葉が使われ始めたばかりのころ、フランスで学んだ洋菓子の技術と日本独自の発想を融合し作り上げたケーキ類を「スイーツ」として日本の文化に育てようという機運が高まりました。そこには、「大人がワクワクする特別なお菓子」という意味が込められていたといいます。英語の sweets にそうした特別な意味はありません。

　彼らの取り組みが功を奏し、いまや「スイーツ」は、日本独自の文化へと成長しました。すると、さまざまな菓子メーカーもこぞって「スイーツ」をコンセプトにした商品を開発し始めました。現在の「スイーツ」という言葉が持つ意味は、当初より広がってきているように思えます。

　実は、candy という言葉の歴史をひもといてみると、もともとは日本と同じく「飴玉」のことだったといいます。それが、19世紀以降、アメリカでお菓子のバリエーションが広がるに従って、より広い意味を持つようになったそうです。「スイーツ」とよく似た運命をたどっていますね。興味深いとともに、言葉は生きているのだと実感します。通訳者としては、油断は禁物。ぼーっとしている場合ではないのです。

覚えておこう！

Candy
＝ 菓子（特に砂糖を主成分とする甘い菓子を指す）

Column 1 通訳の形式

　読者の皆さんは、通訳者がどのように通訳をしているのか、ご存知でしょうか。実は通訳のやり方は一つではありません。ここでは、「同時通訳」「逐次通訳」「ウィスパリング」という代表的な通訳形式について説明します。

【1】同時通訳

　同時通訳（通称：同通）は通常、「通訳ブース」と呼ばれる外部と遮断された空間で行われます。大きな国際会議場の後方や上部に設置された、「ガラス張りの小部屋」を見たことがある人もいるかもしれません。たいてい3人前後の通訳者が座れる広さで、同時通訳機器を乗せた机といすがあり、会場内の映像や使用中のスライドを映し出すモニターが設置されている場合もあります。このような常設ブースのほかに、会議のときにだけ臨時で設置され、終了後に解体・撤収される「仮設ブース」もあります。

　通訳者はヘッドホンを通じて話を聞きながら、話し手とほぼ同時にマイクを通じて訳出を行います。聞き手は専用の受信機を使って通訳を聞くため、通訳が必要な人だけにサービスを提供することができます。また、後述する逐次通訳のように、話を区切って訳を待つ必要もないため、時間に制約のある大人数の会議などで用いられます。聞きながら訳すことは、通訳者の脳に大きな負担をかけることから、複数の通訳者が15〜20分おきに交替しながら行うのが一般的です。

【2】逐次通訳

　逐次通訳とは、話し手が一定の間隔で話を区切り、その合間に通

訳者が訳出する通訳方法です。どのタイミングで話を区切るかは話し手次第ですが、長すぎると通訳者が内容を記憶するのが大変ですし、短すぎても話の流れが読めなくて通訳しにくいため、話者と通訳者の呼吸を合わせることが重要です。話者の発言を聞いている時間が長い逐次通訳では、内容を効果的に書き留める「ノート・テイキング」技術が重要となります。同時通訳よりも時間はかかりますが、発言の内容をよく理解したうえで訳出できるので、訳の正確性は高まります。政府間交渉や法廷でのやりとりなど、高い厳密さが求められる場面から、ビジネスの商談や講演会、著名人のインタビューまで、幅広く使われています。

【3】ウィスパリング

　通訳を必要とする聞き手が1人または少人数の場合に、対象者のそばで、話されている内容を同時通訳する方法です。聞き手の耳元で「ささやく（whisper）」ように訳すことから、こう呼ばれます。機材をまったく用いない場合と、携帯可能なデバイスを使う場合があり、後者のケースでは、マイクが付いた送信機とイヤホンが付いた受信機からなる無線通信装置が用いられます（商品名で「パナガイド」と呼ばれるのが一般的です）。遮断された通訳ブースでヘッドホンを使って聞くのとは違って、周囲の雑音も入ってくるので、正確性を重んじる現場には不向きです。社内会議など、スムーズな進行が重視される場合や、移動を伴う見学や視察などに用いられることが多い形式です。

英語特有の
慣用表現

英語の慣用表現は、それだけで本が1冊書ける
ほどたくさんあります。実際に「イディオム集」は
巷にあふれていますので、皆さんも手にしたこと
があるかもしれません。しかし、Part 3でご紹介
する慣用表現は、一味違います。なぜなら、現役
の通訳者が実際に通訳現場で遭遇したものばか
りだからです。訳せなくて悔しかった通訳者の反
省とともにお読みください。

24 **Hitting on all cylinders**

エンジン全開で前進！

　このフレーズに出あったのは、外資系製造企業でのことです。アメリカの本社から副社長が来日し、全社員を対象としたタウンホールミーティングが行われました。業界好調の追い風を受け、業績は著しく伸びています。会場には多くの社員が集まり、遠隔会議システムを使って、主会場以外の場所から参加する社員もいました。

　通訳者の場所はプレゼンターの演台のそば。この日はマイクを使用しての逐次通訳でした。副社長は自らプレゼンし、「会社一丸となってさらに成長しましょう」と熱弁をふるいます。中でも、ひときわ力を込めて言ったのが **We should be hitting on all cylinders!** でした。一体どのような意味かわかりますか？

　それまでの文脈から、社員の士気を高める趣旨の表現であることは想像できたのですが、大事なメッセージを間違えるわけにはいきません。副社長の勢いを止めないよう注意を払いながら、このフレーズをオウム返しして、確認するように聞き返しました。すると副社長は、「言葉の通り。**All cylinders** だよ。全シリンダーを働かせて前進するんだ」と説明してくれました。

　会議終了後、すぐに調べてみると、**hitting on all cylinders** は **firing on all cylinders** と同義で、「エンジンを全開にする」「パワフルかつ効果的に前進する」「総力を挙げる」という意味でした。また辞書では **firing on all cylinders** で載っていることのほうが多いものの、派生形の慣用句もあるということがわかりました。**Cylinder** は円柱、円筒という意味ですが、ここではガソリン自動車のエンジン（内燃機関）のシリンダー（気筒）を指しています。

　ガソリン自動車の動力源であるエンジンには、シリンダーと呼ばれる部品があり、このシリンダー内に燃料と空気の混合気を入れ、それを点火・

燃焼させて発生するエネルギーによって車は走ります。シリンダーの数は自動車によって異なりますが、すべてのシリンダー内で混合気を完全に燃焼させることで初めてエンジンが全開になる、つまりその自動車のフルパワーを発揮することができるわけです。

このフレーズを用いることで副社長が全社員に伝えたかったメッセージは、「社員一人ひとりが力を発揮して初めて、会社はその総力を最大にして前進することができる」ということでした。この企業は、自動車の素材を製造しています。自社の事業にかけたフレーズ、まさにウィットに富んだ表現でした。筆者が聞き返した際、おそらくこのフレーズの意味を理解できていないのではないかとすぐに察知されたのでしょう。すかさず説明を加えて返してくださり、臨機応変な対応に救われた場面でした。

のちに同じ意味で、**hitting on all sixes** という表現を耳にしたこともあります。**Cylinders** の代わりに **sixes** を使っていますが、6気筒エンジン車をたとえに使い、六つのシリンダーすべてをフル稼働させるということです。

同じく慣用句によく使われる自動車部品には、**gear**（ギア）と **wheel**（車輪）があります。**Go into high gear** は、直訳すると「ギアをトップに入れる」つまり「最高速度で走る」ですが、活動などが本格的に動き出すという表現として使われます。**Put a spoke in one's wheel** は、直訳すると「車輪に輪留めをかける」ですが、邪魔をするという意味です。同じ**wheel** を使った表現で reinvent the wheel もあります。直訳は「車輪を再発明する」ですが、すでにほかの人が発明したものを再び発明する、つまり無駄な労力を意味します。

このように慣用句は聞く人の想像力を刺激し、目の前に光景を浮かばせて見せる効果があります。通訳者としては、慣用句の引き出しをたくさん持ち、その奥にある話者の意図も理解した上で訳出していきたいものです。

覚えておこう！

Hitting on all cylinders
= Firing on all cylinders と同義。総力を挙げる

25 I will level with you

あなたと私の関係性

　ある会議で交渉が長引いたときのことです。相手側の責任者が一呼吸間を置いてちょっと居住まいを正し、おもむろに **I will level with you** と切り出しました。耳慣れない表現に一瞬戸惑いましたが、想像力を働かせて、「御社の立場に立って申し上げます」と訳しました。そのあとに続いた内容と大きく食い違うこともなく事なきを得たものの、何となくすっきりしない気持ちのまま業務を終了しました

　ところがある日、英 BBC ニュースでイギリスのジョンソン首相がまさに同じ表現を使ったのです。何もなければ聞き流しましたが、以前気になった表現だったのでピンときました。2020年、新型コロナウィルスの感染が拡大し始めたころのことです。コロナ禍対策を討議するために、通称「コブラ会議」と呼ばれる緊急事態対策委員会の会議が開かれ、その後の記者会見での発言でした。ちなみにこのコブラ会議という名はスピード感もパワフル感もあって緊急事態対策委員会にはぴったりだと思われるかもしれませんが、爬虫類のコブラとは無関係です。内閣府にある会議室、**Cabinet Office Briefing Room A**（内閣府ブリーフィングルーム A）を略してコブラと呼ばれています。

　首相も口にした **level with someone** を改めて調べてみると、「率直に言う」「正直に言う」という意味でした。記者会見でジョンソン首相が語った内容は次の通りです。**I must level with you, I must level with the British public, many more families are going to lose loved ones before their time.**（英国民の皆さまに率直に申し上げなければなりません。これからさらに多くの皆さんの愛するご家族が寿命をまっとうできずにお亡くなりになるでしょう。）

　I will level with you は **I will be honest with you**（正直にお話します）と言い換えることができます。**I will level with you** のほうが若干口

語的です。そのあとには聞き手にはあまりありがたくない内容が続く可能性が高いので、**I will level with you** と聞こえてきたら密かに身構えるといいかもしれません。

　Level with someone は **on the level** に由来するとの説もあります。名詞の **level** は基準や水準を意味しますが、ほかにも建築や測量で使う水準器の意味もあります。何かが水平または垂直であることを確認するために、日曜大工などでよく使われるアルコール水準器（**spirit level**）をイメージしてください。そこから **on the level**（正しい、公正である、正直な、率直な、まじめな）という表現が生まれました。例えば、**Is he on the level?** は、彼は本当のことを言っているか、という意味です。**Is he levelling with you?** とも言えます。ただし **on the level** の後ろに **of** が続くと「〜のレベルで、〜の水準で」となるのでご注意ください。

　ところでジョンソン首相はオックスフォード大学時代には古典学のコースでラテン語とギリシャ語、歴史、哲学などを学び、多くの政治家を輩出した弁論部の会長を務めた人物です。卒業後、ジャーナリストとして長年働いたという経歴だけあって、聞き手の耳に残るスローガン的な表現を効果的に使って演説するのが上手です。**I will level with you** はその一例ですが、ほかにもイギリスの EU 離脱に関連して **take back control**（主導権を取り戻そう）、**get Brexit done**（EU 離脱をやり遂げよう）、**no ifs or buts**（「もしも」も「でも」もない、つべこべ言わない）、**unleash Britain's potential**（イギリスの可能性を解き放とう）などがあります。それだけではなく、洗練された修辞法や歴史的、文学的な引用も多用するので、通訳者泣かせだと言えます。歯に衣着せぬ言動で知られるアメリカのトランプ大統領も通訳者泣かせと言われますが、訳しにくさの質が違うと感じます。

覚えておこう！

I will level with you
＝ 率直に申し上げます

²⁶ Go pear-shaped

洋梨のイメージが台なし？

Pear、洋梨。ふっくらとして良い香りのする甘い果物が思い浮かびます。日本の梨は丸い形ですが、英語圏で **pear** といえば、上が細く下に膨らみのあるしずくのような形が一般的です。国内で洋梨といえば、ラ・フランスがよく知られています。

この **pear** が、ある国内団体の少規模な会議で出てきました。どのような組織編成にするべきかという議題で、オーストラリア人のアドバイザーから意見を聞いていたときのことです。経験豊富なアドバイザーは、専任の担当者を置くことで問題は解決できるので、設置を検討してほしいと提案しました。これに対し、日本側は「その提案は受け入れられない」と返答、アドバイザーは困った顔をしてつぶやくように言いました。

I'm sure it will go pear-shaped.

「必ず洋梨の形になります」とは？ 良いイメージしか浮かばない洋梨と、この重い雰囲気は合わないと感じ、話の流れと、当惑した顔から判断して、とっさに「うまく機能しなくなります」と訳しました。おおよそこの意味だったのでしょう。話が噛み合わずに会議が滞ることはありませんでした。

会議終了後、発言の意図が正しく伝えられたのか心配で、アドバイザーにこう尋ねました。「**Go pear-shaped** とはどういう意味ですか。良くない結果になるという意味に訳しましたが」。すると「意味は合っていますね。本来なら丸くなるはずのものがこのような形になるという意味です」と洋梨の形を描きながら教えてくれました。組織が円満な姿にはならず、いびつになり失敗してしまう、と言いたかったのだと感じました。

なぜ洋梨が悪い意味になるのか気になり調べてみたところ、イギリスやオーストラリアを中心に使われている比較的新しい慣用句で、由来は諸説あり、はっきりしないようです。一説には飛行機のパイロットが、きれいな円形を描いて飛べずにゆがんだ形になってしまう様子という、今

回の例と一致するものもありました。ほかには、風船やボールから空気が抜けて少ししぼんでしまった形から、とか、吹きガラスで丸い器を製作中、うまく固まらず形が崩れてしまったことから、など、丸い形にしたいのに歪んでしまうという、洋梨の輪郭や立体をいびつなものと捉えるいわれが多くありました。「梨が台なし」とは、思ってもみませんでした。

Go をつけないで pear-shaped という言い方もあります。体形の特徴を指し、洋梨のように肩や胸が細めでお尻や太ももに厚みがあることで、台なしになる、という意味はありません。ファッションやフィットネスの文脈では、apple-shaped で胴周りが丸い体つき、banana-shaped は凹凸が少ない体形など、同様の言い回しが多くみられます。

Go pear-shaped は、同じ英語圏でも北米ではあまり知られていませんでしたが、最近になりビジネスの話題で株価が下がっている様や、会社の業績が右肩下がりである状態の比喩表現として使われ始めているようです。また、サッカーやラグビーなど、世界規模で競技が行われているスポーツについて話すときにも、試合の状況が悪化した場合の表現として使われていると聞きます。英語話者全体でこのフレーズのイメージが共有される日も近いかもしれません。

通訳者の仕事は、話者のメッセージを伝えることです。筆者の場合、通訳の際、話の内容を頭の中のキャンバスに描き、その絵を見ながら別の言語で表現する感覚があります。単語のみの絵を描くと、正しく伝えられないこともしばしば。慣用句やスラングを含め、いろいろな表現を積極的に覚え、より正確なメッセージを届けられるようになりたいと思います。

覚えておこう！

Go pear-shaped
＝ 台なしになる、計画などが失敗する、物事が悪化する

It's all gone pear-shaped. と all を入れるとより自然で、「すっかり」ダメになってしまった、という意味になる。

²⁷ In the same breath

同じ息で話すこと

このフレーズは比較的意味が想像しやすいかもしれません。まず **breath** という単語の意味ですが、すぐに思いつくのは「息」や「呼吸」です。ほかには「ささやき」や、少し文語的な表現にはなりますが「生命力」という意味もあります。**Same** は「同じ」「同一の」という意味ですね。

ある会議でこの表現が出てきました。ある会社のアメリカ人エグゼクティブは、言うことがその時々でコロコロ変わることで有名で、先週と今週、あるいは会議の最初と最後で言っていることがまったく逆であることが珍しくありませんでした。社員たちは、彼の指示の内容が変わるたびに、それまでの仕事が無駄になるなど、不満が溜まっていました。

そんなある日の定例会議。いつものようにその日の(瞬間の)気分で好き勝手な、そして時には無茶な指示がどんどん降ってきます。訳しながら「えっ?」と疑問に思ったものの、そこは通訳者。私情をからめず、彼の声となって訳しました。なんとか会議は終わり、当人がさっそうと会議室を去っていった直後、ある参加者がポツリと言いました。

He gives a go-ahead and then tells us to stop in the same breath.

鍵となるフレーズ **in the same breath** の直訳は「同じ息で」。つまり、一つのことを言ったすぐあとに別のことを言う場合に使われます。文脈によっては「一度に」とか「矢継ぎ早に」という訳も可能です。ケンブリッジ英英辞典によると、二つの内容が相反する場合、まったく異なる場合にこの表現が使われるそうです。どちらか一つは本当だが、もう一つはそうではないというニュアンスを伝える際に用いるとのことでした。

まさにそこにいた全員の気持ちを代弁した言葉だったのですが、これを訳すのは簡単ではありません。「ゴーサインを出したと思ったらやめろと言う」と訳出しました。間違いではありません。ただ、冷静で、時に皮肉を込めた発言で知られる彼の言わんとしたことを、十分に代弁できたと

は言えません。この会社には当時、社内通訳者として在籍しており、彼の語り口を熟知していた上に、社員たちの不満も知っていました。その場の空気を和らげるためにも、もう少し気の利いた訳を出したかったと、いまでも悔やんでいます。

　こんなふうに上司と社員の間に入るのはできれば遠慮したいですが、もしもう一度同じような場面に出あったら、次のように訳したいと思います。

　「彼はやれと言った舌の根の乾かぬうちに、やめろと言う」

　この表現は発言者の感情のニュアンスをより的確に示していますし、日本語としても自然です。「舌」を使うことでより直感的に理解しやすく、聞き手も共感できるでしょう。ちなみに、「舌」を使ったネガティブな日本語表現には、「二枚舌」や「舌先三寸」もあります。どちらも実際に使う場面に遭遇したくはないですが、口にするのがはばかられるようなフレーズも、表情を変えずにさらっと言うスキルが通訳者には求められています。

　また、**in the same breath** をマクミラン英英辞典で引くと、前述の用法とは別に「同じような二人の人、もしくは二つのものについて言う場合、両方が似ているので一緒に言及する」との使い方も載っています。

　Taylor found it very flattering to be mentioned <u>in the same breath</u> as some of her favorite artists.

　「テイラーは、自分が大好きなアーティストたちと<u>ともに名を連ねられた</u>ことをとてもうれしく思った」（筆者訳）

　簡単な単語の組み合わせで、いろいろなニュアンスを伝えられるのが英語の特徴です。意味はわかっても気の利いた表現が思い浮かばず、あとから反省することもしばしば。失敗から学び、イメージトレーニングをして、「次こそ」という気持ちで日々の通訳に挑んでいます。

覚えておこう！

In the same breath
　= 舌の根の乾かぬうちに

28 Throw the baby out with the bathwater

赤ちゃん捨てちゃうの？

同時通訳をしていて悩まされることの一つに慣用表現があります。専門用語なら、事前にわかってさえいれば、いくら難しくても調べて現場に臨むことができます。ところが、慣用表現の場合は、言葉そのものは易しくても、文脈に合わせて適訳を出すのが極めて難しいものが少なくありません。

Throw the baby out with the bathwater. がまさにその典型です。直訳すると「風呂水と一緒に赤ん坊を捨てる」。頭の中で思い浮かべてみてください。なかなか衝撃的なシーンです。

子どもがいてドタバタの日々を送るママなら、もしかしたらうっかり風呂水と一緒に赤ちゃんを捨てるミスを犯すことも……なんて、いまの時代にさすがにそれはなさそうです。

ところが、この表現が生まれた16世紀のドイツでは、水が大変貴重でした。入浴の際も、同じ湯水を使いまわすのでだんだん汚れ、最後は茶色く濁ってしまうほどだったそうです。しかも、「赤ん坊の入浴は最後」と決まっていたため、汚れた湯水と一緒に赤ん坊を捨ててしまうということがなきにしもあらずだったとか。

英語圏でこのフレーズを使うようになったのは19世紀に入ってから。出典とされる文書では、捨てるべき汚れた湯水の例として「奴隷制度」が挙げられていました。捨ててはいけない赤ん坊は、奴隷として重労働を強いられていた人たち。つまり、奴隷制度は廃止するべきだが、奴隷自体を排除するのではなく、労働者という形で雇用し賃金を支払うべきだとの主張のために引用された慣用表現だったそうです。これが転じて、現代では「不要になったものと一緒に大事なものまで捨ててはいけない」という意味で使われます。

この表現に出くわしたのはAI（人工知能）に関する、とある国際会議。

開催地はヨーロッパでしたが、日本政府が共同主催で、インターネットを通じて同時通訳付きで生配信される会議でした。会議が開かれたのは2017年。Google DeepMind 社が開発したコンピュータ囲碁プログラムAlphaGo が、当時世界最強棋士だった柯潔に勝利し、AI ブームに火が付いたばかりのころでした。AI が日進月歩の勢いで進化していく中、人間の仕事が奪われるのではないかとの不安や、プライバシー侵害への懸念が高まっていました。2016 年のアメリカ大統領選の際のデマの拡散や情報操作疑惑などを受け、規制を求める声が上がる一方、規制を強化しすぎるとイノベーションが抑制されるとの主張も根強く、各国の政府代表者がそれぞれの立場から熱のこもった議論を展開していました。

　このような文脈で使われた**Don't throw the baby out with the bathwater.**「AI がもたらす弊害を排除する際に、メリットさえも捨ててしまってはいけない」というような意味だと、いまならわかります。でも同時通訳中の予期せぬ慣用句に、とっさに出たのは「お風呂の水と一緒に赤ちゃんを捨ててはいけません」という直訳でした。英語のことわざを引用した、ということも、何のたとえなのかも説明できないまま。「しまった」という気持ちを引きずりつつも、先へ先へと進む話に追いつくため、必死で訳し続けました。おそらく日本語の通訳に頼りながら聞いていた人は、「いまなんでいきなり赤ちゃんが出てきたの?」と不思議に思われたことでしょう。しかも、ただ出てきただけではなく、捨てられたわけですから、気にならないわけがありません。数年経ったいまでも、思い出すと申し訳ない気持ちでいっぱいになります。

　人前で話すことに慣れている人ほど、使いたがるのが慣用表現。通訳者たるもの、普段からコツコツとストックを増やし、文脈にあわせてさらっと訳せるように心がけたいものです。

覚えておこう!

Don't throw the baby out with the bathwater
= 大事なものは何かを見極め、捨てるものと区別しよう

29 **Wet behind the ears**

濡れているわけ

　大規模な国際会議やコンベンション、展示会などでは、出席者同士が
ネットワーキングをする機会として、懇親会や立食パーティーが必ずと
言っていいほど用意されています。参加者は、オードブルや飲み物を楽
しみながら歓談するのが常です。くだけた場ではありますが、このような
パーティーの席での通訳は意外に大変なものです。周りの雑音で話し声
が聞こえにくい上に、お酒も入るため、通訳者の存在を忘れて複数人が
同時に話したり、スラングも交えたカジュアルな会話になったり。そうか
と思えば突然、ビジネスの取引について真剣な話し合いが始まったりもし
ます。通訳者にとっては、場の雰囲気に合わせてにこやかにしながらも、
実際にはなかなか気の抜けない現場と言えます。

　ある日系 IT 企業が、国内外のスタートアップ企業や大学生を対象とし
てコンペティションを開催しました。優勝すると、この IT 企業とコラボ
レーションができるため、多数の応募が集まり、書類審査を勝ち残った8
チームがプレゼンテーションを行いました。中には日本人大学生のチーム
もいくつかあり、会場は熱気にあふれていました。各チームのプレゼン
テーションに始まって、質疑応答セッション、結果発表、表彰式と滞りな
く進み、残す通訳業務は立食形式の懇親会のみとなりました。

　懇親会では、日系 IT 企業のチーフ・インフォメーション・オフィサー
(CIO)の通訳を担当しました。CIO はアメリカ人女性で、このコンペティ
ションの審査における中心人物でした。懇親会が始まるやいなや、彼女
の周りにはひっきりなしに人が訪れます。おかげで彼女は、ワイングラス
を片手に話し続けることになりました。しばらくして彼女が酔っ払ってき
たころに、参加した日本人大学生チームが彼女に挨拶にきました。チー
ムは残念ながら優勝は逃したものの、「アイデアは素晴らしかった」と
CIO は健闘をたたえました。そしてウインクしながら、**You all are still**

wet behind the ears.と一言。と同時に、一人の大学生の耳の後ろを手で触り、水を振り払うようなジェスチャーをしたのです。

そこにいた日本人は全員ちょっとびっくりし、どういう意味なのか見当がつかずお互いに顔を見合わせるばかり。CIOは私たちのリアクションを見て笑い転げています。仕方なく、タイミングをみて彼女に説明を求めると、「まだまだ経験が必要ってことよ」と言うのです。とりあえずはその説明に納得し、それ以上突っ込むことはしませんでしたが、どうして耳の後ろが濡れているのが経験不足なの? という疑問は残りました。

実はこの慣用句、もともとはドイツ語の noch nass／feucht hinter den Ohren が語源で、そのまま still wet behind the ears（まだ耳の後ろが濡れている）と英訳されたものです。新生児、もしくは生まれたばかりの子牛や子馬が羊水に濡れている状態を指しており、看護師や助産師が体を拭いたり、母牛や母馬が体を舐めたりして、最後に乾くのが耳の後ろであることが由来だそうです。転じて immature（未熟な）や、inexperienced（経験の浅い）を意味する慣用句として使われるようになったとのこと。ほかにもドイツ語を語源とし、同じ意味を持つ表現はいくつかあり、wet（濡れた）の代わりに damp（湿った）を使ったり、否定形を使った not yet dry behind the ears という表現もあります。また、green behind the ears も「未熟な」という意味で使える慣用句ですが、日本語にも「尻が青い」（お尻の蒙古斑に由来する）という表現があるので、少し通じるところがありますよね。

アメリカ人CIOは、大学生チームの健闘をたたえながらも、「まだまだ若いから、これからもっと経験を積まないとね」と、酔いも手伝ってちょっとからかい気味に言ったのでしょう。「未熟な通訳者」と言われぬようにしっかりと覚えておきたいフレーズです。

覚えておこう!

Wet behind the ears
＝ 未熟な、経験の浅い

30 **Breathe down one's neck**

首に息をかけられたときの気持ち

　とある大手企業の人材開発セミナーでのことです。20人くらいの幹部が、外部から外国人講師を招いて、部下をどう管理するかについて学んでいました。担当講師は、これまで何度も説明してきたと思われる様子で、すらすらと上司のあるべき姿を語っています。まず「リーダーシップがある」「信頼できる」上司とはどんな人か、について熱弁したあと、悪い例として俗に言う「クラッシャー上司」の紹介をはじめました。

　「クラッシャー上司」は、日本の大学教授が、「平気で部下を追い詰める上司」の名称として使った言葉です。英語では、**crusher boss** とは言わず、**toxic boss**、**bad boss** などと言われているようです。クラッシャー上司の特徴として、意見に一貫性がない、相手によって態度が変わる、仕事に細かい、セクハラ・パワハラをするなど、映し出されたスライドには、5個ほどのダメな上司の特徴が並んでいました。

　講師は、この部下から嫌われる上司の特徴を、項目ごとに丁寧に説明していました。同時通訳案件でしたので、事前に資料には目を通し、話の方向性もつかんでいましたが、渡された資料は、箇条書きや図が多く記載情報は少なかったと記憶しています。外国人講師が、「部下を微細管理する上司は最も嫌われます」といくつかの例を挙げていきました。上司がやってはいけない行為は、**micromanage**（微細管理する）に始まり、**overmanage**（過剰に管理する）、**nitpick**（重箱の隅をつつく）、**put someone under his thumb**（言いなりにさせる）といった具合にどんどん出てきます。訳せば、どれも同じ日本語訳になりがちなので、工夫をしながら訳していましたが、最後に出てきたのがこの **breathe down one's neck** でした。

　実は、この次のパートはハラスメントの章でしたので、すでに頭の中ではセクハラの情報がインプット全開状態。そんなときに、**breathe down** one's neck と言われたので、とっさに「部下の首に息をかけるのも嫌われます」と訳してしまいました。冷静に考えたら適切に訳せたはずです。聴衆も「息をかけられるのは確かに気持ちのいいことではない」と、それなりに納得したかもしれませんが、同時に、部下に吐息をかけることは結構大胆なことだろうと思ったに違いありません。間違いに気づいたタイミングでは時すでに遅し。話のトピックは、次のセクハラ・パワハラ禁止のスライドに移っていました。

これは大学受験でも出てくる、よく知られたイディオムで、「他人の一挙一動を見張る」を意味します。フォーマルな表現ではないので、日常生活でも頻繁に使われます。筆者もかつて特急で資料を訳してほしいと依頼してきた人が、翻訳をしている間ずっと後ろで待っていたことがあります。息こそかかりはしませんでしたが、まさにその状況が **breathe down my neck** でした。

このフレーズの語源を見てみると、見ず知らずの他人の息が、自分の背中や首で感じられるほど距離が近いことに抱く嫌悪感や不快感からきているようです。どれくらいの距離であれば吐息がかかるのかは、その人にもよるとは思いますが、このパーソナルスペースは、結婚した夫婦を1（50センチ）とすると、会社の同僚とは4（2メートル）だとか。その距離からの息であっても、監視されることの不快感は生じるようです。

嫌われる上司のトップ10は、日本も海外もあまり変わらないようで、ネット検索をすると、「細かい管理をする上司」が上位に挙がります。そういった **breathe down one's neck** する上司はおそらく **brass neck**（図々しさ）を持ち合わせているので、部下の気持ちがわからないのかもしれませんね。いずれにしても、ほかの人にはしないように気をつけたいと思います。

覚えておこう！

Breathe down one's neck
= 人のすぐ後ろからあれこれと言いながら、うるさく付きまとう

³¹ In the offing

謎の地「オフィング」にて

　フリーランスの通訳者を時に困らせるのが固有名詞です。社員なら誰でも知っている社長のニックネームや大口取引先の略称、社内の経費精算システムの名称など、通訳資料に記載がなければ、通訳者にとっては初出の単語です。文脈から「これはきっと人名だろう」「これはプロジェクトの名前っぽい」と推測ができればまだいいのですが、できない場合もあります。また、たとえ一般名詞であったとしても、通訳者は **walking dictionary** ではないので、当然知らない言葉に出くわすこともあります。

　グローバリゼーションが進んだ現在では、固有名詞もなんとなく聞き覚えのあるものだけではなくなってきました。人名を例にとると、**William** や **Charlotte** といった英語名だけではなく、中国やインド、タイ、ベトナムなど、聞き取りも発音も難しい言語の名前に遭遇することが増えました。地名も同様です。通訳学校に通っていたころは、初出の単語に遭遇するたびに固まっていました。しかし現場に出てからは、とにかく何か訳を出さなければ、との思いがあり、固有名詞と推測されるが正式な訳が思い浮かばない場合は、聞こえた音をそのまま口にして乗り切ってきました。

　「チャンジョウ……当局に確認したところ、問題ないとの回答でした」と聞こえた音をそのままカタカナ訳する通訳者の自信なげな表情を見て、「あっ常州ですね、ウチの縫製工場があるんですよ」と親切に教えてくれるお客様に助けられたことがあります。ポーランド人が発した **Zurich** を「ゼーリック」と聞こえたままカタカナ訳にしていたのを、「チューリッヒよ」と優しい先輩が小声で教えてくれて赤面したこともありました。

　固有名詞は、対訳が出なければ原音のまま発音すべし、という自分なりの対処法を身につけ始めたころに、思わぬ失敗をしました。ある外資系企業の社内会議で同時通訳をしたときのことです。グローバル部門の管理職に就くアメリカ人が来日し、十数名の日本人社員と今期の全社戦略

について話し合う場でした。まず日本側が製品ごとにプレゼンを行い、時々アメリカ人マネージャーから質問が入るのを、簡易通訳機器を使って同時通訳していきます。会議参加者のディスカッションもほどよく盛り上がり、最後を飾るのはアメリカ人マネージャー。日本人社員のモチベーションを上げ、部署の結束力を高めるべく、前向きな言葉で熱く語りかけながらこう言いました。

There are some projects in the offing.

There are... と確かに聞こえました。きっと海外のどこかでプロジェクトがあるのだろう。聞いたことのない単語だし、通訳者用の資料にも載っていなかったけれど、おそらくそういう場所があるに違いない。そう信じて「オフィングでいくつかプロジェクトがあります」と訳したところ、みんな怪訝な表情になりました。どうやらこの会社には、オフィング支社もなければオフィング工場もないらしい……。通訳をいったん止めて「いまオフィングって言いました?」とアメリカ人に確認したところ、**Yes, in the offing. Meaning they are about to start.** そう、オフィングは固有名詞ではなかったのです。

Off には「離れて」そして「(陸から離れた)沖に」という意味がありますが、**offing** はもともと海事用語で「陸から見えるが離れた沖、沖合」という意味だったのです。つまり **in the offing** というフレーズは「(船が)沖合に来て」「もうすぐ港に入ってきそうで」という状態を意味し、そこから派生して「やがて現れそうな」「近い将来に起こりそう」という状態を表す比喩表現になったのです。

聞き慣れない言葉を耳にすると、「出た! 固有名詞だ」と反射的に原音のまま発音しがちですが、こんなケースもあるので皆さんもお気をつけください。

覚えておこう！

In the offing
= 近い将来に起こりそうな(状態)

32 **No good deed goes unpunished**

良いことをしても報われない？

　厳しいことで有名なグローバルの社長が来日することになりました。事前の会議で、細かい内容や数字をどこまで社長に報告するかを討議していたときのこと。日本人スタッフは、事細かく分類したデータをどっさり準備していると言います。それに対し、冷や水を浴びせるように日本法人のアメリカ人副社長が言い放ちました。

No good deed goes unpunished.

　この文は **No** と **unpunished** を使った二重否定になっています。二重否定は直訳するとかえってわかりにくくなります。この文も直訳は「罰を受けない良い行いはない」となり、少しわかりにくいですね。とはいえ、とっさに訳さなければならず、つい直訳調になってしまいました。また、本来であれば **Every good deed goes punished.** でもよいものを、あえて二重否定にしているところに皮肉のニュアンスが込められているので、注意が必要です。前述の副社長も、「良かれと思ってしていても、内容を正直に細かく報告することで、自分に悪い評価が返ってきたり、追加の要求をされたりするかもしれない」と意図を説明していました。

　その後、詳しく調べたところ、親切な行動が受け手から適切に感謝されない、もしくは期待値が上がりさらに多くを求められるという意味だとわかりました。善行は報われるという考え方がありますが、実際は必ずもそうではないという意味合いで使われることが多いようです。また、アメリカのインターネット掲示板を見ると、善行は理屈では良いことだが、それを逆手にとって利用する者もいると書かれており、こんな話を見つけました（以下要約です）。

　娘一家が数年前に愛猫を連れて越してきて、同居を始めました。猫はすぐにわが家になじみました。その数年後、向かいに住むカップルが白黒の野良猫を飼い始めました。この元野良猫は、私の孫娘にも懐いて

いました。ところがしばらくしてカップルが世話を放棄し、しまいにはわが家で飼えばいいと言い出す始末。2匹目を欲しくはありませんでしたが、見捨てるわけにもいかず、わが家に迎え入れました。幸いにもわが家の猫とも仲良くなりましたが、そんな矢先、なんとこの元野良猫が妊娠していることが発覚。2匹目すら躊躇していたのに、このままではさらに飼い猫の数が増えてしまいます。

ここで **No good deed goes unpunished.** が出てきました。まさに親切心が裏目に出てしまったのです。生まれてきた3匹の子猫のうち、引き取り手が現れたのは1匹のみだったそう。文章は「こうやって猫屋敷は生まれるのだと悟った」と締めくくられていました。

また、2010年7/8月号の米フォーリン・アフェアーズ誌には、"**No Good Deed Goes Unpunished**" というタイトルの記事がありました。アメリカの対アフリカ援助においてHIV対策を重視する現在の路線により、抗レトロウイルス薬投与が必要とされる人の増加とそれに伴うコストの増大のみならず、インフラ整備といったほかの課題への援助との間の不均衡を生み出しているという内容でした。援助が手厚いHIV感染者への反感や不満といった、想定外の反応が被援助国において見られ、アメリカ政府がいずれアフリカ各国政府にエイズ対策費の負担を移転した場合、アフリカにおける親米感情の衰えも招きかねないとしており、まさに善行が報われるとは限らないという内容になっています。

ちなみに、この言い回しはジョークのようなニュアンスで使われることもよくあります。例えば自分の車線に車を入れてあげたら、その車はそのまま走り去り、自分は赤信号にひっかかるというような場面で使えます。良かれと思ったことが裏目に出るのは悲しいことですが、実際にそうなることも少なくないからこそ、こういったフレーズが生まれたのでしょうね。

覚えておこう!

No good deed goes unpunished
= 正直者は馬鹿を見る、親切が裏目に出る

33 **The buck stops here**

Backstop と間違えないで

著名人の演説は、熟考を重ねて入念に準備されるにもかかわらず、事前に原稿が配布されることはまれです。メディアの注目度も高いことから、通訳者にとっては難易度の高い案件と言えます。新元号「令和」が発表された記者会見で、安倍首相が「初春の令月にして気淑く風和ぎ」と万葉集を引用したとき、同時通訳を担当していた通訳者はどれほど苦労したことかと、想像して気の毒になりました。

The buck stops here は2019年7月24日、ボリス・ジョンソン英首相が就任演説で使った言葉です。イギリスのEU離脱交渉が迷走を極めていた難しい局面で首相に就任したジョンソン氏は、その決意を表すのに、**Never mind the backstop - the buck stops here.** とまるで言葉遊びのような表現を使いました。

聞き手としてはまず、**the buck stops here** の **buck** が **back** ではないことに注意が必要です。日本語の「ア」の音は一つだけですが、英語には多くの「ア」があります。**Buck** [bʌ́k] を **back** [bǽk]（背中、後ろ）と聞き間違えると意味不明になってしまいます。

Buck は鹿やアンテロープ、羊の雄を指すほかに、「責任」という意味もあります。ポーカーゲームでディーラーであることを示す印に **buckhorn knife**（鹿の角のナイフ）が使われたことに由来するそうです。つまり **the buck stops here** は「最終責任は自分にある、責任は自分がとる」という意味です。これに関連して、**pass the buck**（責任を人に押し付ける、責任転嫁する）という表現もあります。1ドルのことを口語で **buck** と言いますが、これはかつて、鹿皮が物の取引に使われていたことから来ているそうです。

The buck stops here という表現がよく知られるようになったのは、アメリカの第33代大統領、ハリー・トルーマンのおかげです。ポーカーが

大好きだった大統領に、地元ミズーリ州の友人が **The buck stops here** と書かれた卓上プレートをプレゼントしました。トルーマン大統領はこれを気に入って執務室の机に飾り、任期中、「最終的な責任は大統領にある」と頻繁に言及したそうです。

さて、ジョンソン首相の演説でさらに難しかったのは、**buck stops** と音が似通っている **backstop** にも言及し、**Never mind the backstop - the buck stops here.** と韻を踏んでいた点です。**Backstop** とは野球のバックネットのほかに、物事が悪化するのを防ぐための最終手段という意味もあります。イギリスの EU 離脱に関連して「バックストップ」というと、特に意味が限定されます。イギリスが EU を離脱後、イギリスと EU で通商協定がまとまらなかった場合、アイルランドとイギリスの一部である北アイルランドとの国境に検問所などが設置されるのを避けるために、離脱協定に盛り込んだ条項を指すからです。つまり **Never mind the backstop - the buck stops here.** は、ジョンソン首相の前任者のメイ前首相が取りまとめた離脱協定に対する、「バックストップの問題は心配するな、責任は私がとる」との宣言だったのです。

ボリス・ジョンソンが首相に就任して6カ月後の2020年1月31日、イギリスは EU を離脱しました。ジョンソン首相がほっとしたのも束の間、英フィナンシャル・タイムズ紙はさっそく彼が就任演説で使った表現を持ち出して、**The buck stops with Johnson**（責任はジョンソン首相にある）から始まる見出しで、離脱後も続く交渉の難しさを指摘する記事を掲載しました。政治家は時に、印象的な言葉で歴史に残る名言を残しますが、印象が強ければ強いほど、その言葉に責任を持つことが求められます。名言を「迷言」にしないために、政治家にはいかんなく、その手腕を発揮してほしいものです。

覚えておこう！

The buck stops here
= 責任は自分がとる

34 What's eating you?

私、食べられてる?

　ご存知の通り **eat** の意味は「食べる」ですが、辞書をひもとくとほかにもさまざまな意味があることがわかります。例えば新英和大辞典には、「消費する」という訳が載っています。日本語でも車がガソリンを食う、と言いますよね。さらに、「イライラさせる」「苦しめる」という意味も載っています。**What's eating you?** は、何にイライラしているの? 何かあったの? という意味で使われる表現です。

　でも、正しい意味を知らずにこのフレーズを聞くと、得体の知れない何かが自分の身体をむしゃむしゃと食べているグロテスクな絵が浮かぶかもしれません。少し想像を広げて、悩みや困りごとが自分の心身をむしばむ様子と理解すれば腑に落ちるのではないでしょうか。実際、**eat** には病気・苦痛などが人をむしばむという意味もあります。「食べる」を起点に、食う、消費する、苦しめる、むしばむと連想ゲームのように意味を広げていくと **eat** の持つ意味の全体像が見えてきます。

　このフレーズを最初に耳にしたのは通訳の現場ではありません。通訳者になる前、筆者が大学の事務職員として勤務していたときのことです。ある日、出勤してパソコンを開くとイギリス人の先生からメールが届いていました。その日の授業で使う資料を印刷しておいてほしいとのこと。時間は朝の9時30分。この先生の授業は10時20分から始まるので、「すぐに取りかからなければ」と急いで印刷を始めて間もなく、ガガガッという音とともにコピー機が止まりました。紙詰まりです。詰まった紙を取り除き印刷を再開すると、上司が、それ急ぎか? と尋ねます。見ればわかるでしょ! とはもちろん言わずに笑顔で、いいえ、お先にどうぞ、と譲ります。そうこうしているうちに授業の時間が迫ってきました。

　その時、オフィスにその先生が **Morning, morning.** と言いながらコーヒー片手に悠然と現れました。般若のような筆者の顔を見て一言、

What's eating you? 当時はこのフレーズを知らずに **What are you eating?**（何を食べているの？）と聞き間違えて、顔にパンくずでも付いているのかと、とっさに口の周りをぬぐいました。その様子からわかっていないと悟った先生は、**What happened? You look terrible!**（何があったの？ ひどい顔をしているよ）と言い直してくれました。

　英語がわからずこっけいな仕草をしてしまった恥ずかしさと、ひどい顔になる状況を作り出した張本人からツッコミを入れられるという悔しさ、おわかりいただけますよね。思わず **Thanks to you!**（あなたのおかげでね）と言いたくなりましたが、そこはぐっと我慢。**No problem, your materials will be ready soon.**（大丈夫です。もうすぐ資料の準備ができますので）と返すのが精いっぱいでした。ちなみに資料は5分ほど遅れたものの、無事届けることができました。

　それにしても、**eat** はなかなか奥が深い言葉です。**I eat my words** といえば、前言を撤回します、という意味。自分の言葉を慌てて飲み込み、座を取りなそうとする様子が目に浮かびます。また **dog-eat-dog** は食うか食われるかの状況を表し、**a dog-eat-dog business**（生き馬の目を抜くような厳しい仕事）などと使われます。犬同士が共食いする血みどろの世界をイメージすると、簡単に覚えられそうです。**Eat humble pie** は、屈辱に甘んじる、平謝りに謝る、という意味です。昔は狩りをしたあとで主人が良い肉を食べ、使用人が残りの臓物で作った粗末なパイを食べていたことが由来です。まさに、筆者の不勉強で恥ずかしい思いをしたこの話も、**I had to eat humble pie!** とまとめることができそうですね。え、ちょっと無理がある？ **Well, that's how I survive in a dog-eat-dog business. Oops, I eat my words!**

覚えておこう!

What's eating you?
= 何かあったの？ 何にイライラしているの？

ある日の通訳現場 vol.2

両立って難しい

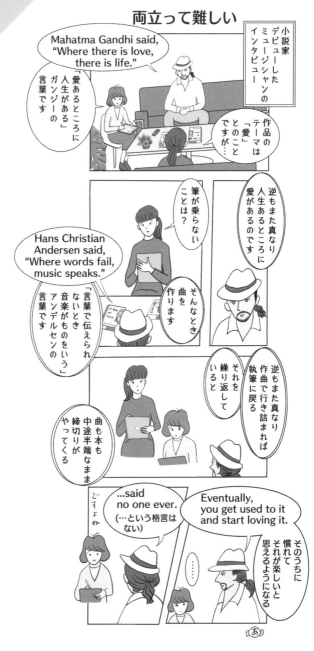

或る愛の物語

ラテン系ミュージックの若き王子
デビー・フェルナンデス
デビュー小説

2020年8月19日
全国一斉発売!!
書店にて予約受付中

ファン
必読の
一冊

まぎらわしい
言葉

日本語ほどではありませんが、英語にも多くの同音異義語(homonyms) が存在します。また、英語の場合は、日本語以上に韻を踏んで言葉遊びを楽しむ習慣があり、似たような発音の言葉に惑わされてしまうことも少なくありません。目で見てつづりを確かめられる翻訳とは違い、通訳の場合は耳から聞こえてくる音が勝負です。通訳者ならではの苦労を追体験してみてください。

35 **BOM**

物騒な勘違い

　Bill of Materials という言葉を耳にしたことのある人は多いかもしれません。日本語では部品表、あるいは部品構成表と呼ばれるもので、略して**BOM** と言います。英語スピーカーでこれをビーオーエムと発音する人もいるらしいのですが、普通に「ボム」と発音すると、爆弾の **bomb** と同音異義語になります。これにまつわる恥ずかしい思い出を披露しましょう。

　外資系製薬会社の製造部門に、社内通訳者として入社して間もないころでした。インハウスで勤務するのは2社目で、直前に勤めていたのは日系広告代理店だったため、まったく畑違いの業界に入ったわけです。企業文化や社内の雰囲気も当然違いました。広告代理店の始業は午前10時と遅めだったのですが、それでも前夜の疲れからエンジンのかからないメンバーが多く、朝はブラックコーヒーがぶ飲みで雑談するところから始動。ほうぼうに電話をかけ始めて社内が活気づくのは、お昼もとうに過ぎた午後2時以降、という毎日でした。

　一方の外資系製薬会社は、終業時刻が午後5時で残業時間は厳しく管理されているため、午前9時の始業時から皆フルスロットルでPCに向かったり会議をしたり。配属されたのは医薬品の製造や品質管理・品質保証、サプライチェーンを担当する生産本部でしたが、社内通訳者は入社すると最低5年以上、中には定年まで勤め上げる人もいて、前任者も7年の社歴がありました。他部署に異動した前任者は、新入りが「妖怪キッドってなんですかね?」などとありえない質問をしに行っても「え? あ? 溶解キットね、**dissolution kit**」と快く指導してくれました。

　社内通訳に限った話ではありませんが、通訳者にとって分野の経験や背景知識がどれほど強力な武器になるかは、十分に理解されていないと感じます。社内の通訳利用者は、新人も即座に前任者同様の通訳ができると信じて疑わない様子でした。毎日ベテランの前任者と比較されるプ

レッシャーを感じながら会議の通訳をしつつ、終業後も必死で製薬分野の勉強をしました。

　ある日、近くに座っていた生産計画チームの女性から「いまグローバルとの電話会議をしているから来てほしい」と呼ばれました。その女性はバイリンガルと聞いていましたが、「ちょっと何を言ってるかわからないのよ」とのこと。社内通訳者の場合、このような事前資料のないぶっつけ本番での対応も頻繁に発生します。社歴の長い通訳者は専門知識、社内用語、社内事情の把握で理解を補うことができますが、新入りは目隠しで綱渡りをするような恐怖心と覚悟で対応しなくてはいけません。連れて行かれた小さな会議室では、4、5人のメンバーが真剣な顔つきで集まっていました。予備知識ゼロで前後関係もわからないまま、とりあえず訳出を始めました。

　......BOM explosion in Osaka......

　電話会議システムから聞こえてきたのは、「ボム」と「エクスプロージョン」という恐ろしい響きの単語。突然の話に耳を疑いつつ「大阪での爆発（bomb explosion）」と訳すと、「バクハツ？！」とメンバーから笑いが漏れました。続けて、「『ボムの展開』ね。**BOM** は『ボム』で通じるから」と一言。若干の憐みを含んだ担当者の眼差しが、いまも忘れられません。

　BOM は製品を作るのに必要な部品の一覧や階層構造を表すもので、部品の品名、型式、メーカー名、数量、仕様などの情報が入っています。階層構造の一番上にあるのが最終製品で、一番下にあるのが個々の資材や部品です。**BOM** を **explode** して **BOM** 内にある下位の構成要素をすべて表示させること（部品表の展開）を **BOM explosion** と言うのですが、門外漢の新入り通訳者にとっては想像もつかないことでした。せめて **BOM expansion** だったら失笑されることもなかったのに、と思いますが、こういった勘違いも振り返ってみれば結構楽しいものです。

覚えておこう！

Bill of Materials (BOM)
＝ 部品表

36 Finnish

フィニッシュと聞こえても

　耳から入ってくる情報に頼らざるを得ない通訳には、目で単語のつづりを確認できる翻訳とは違う制約があります。例えば、同音異義語は文脈でしか区別できないため、非常にやっかいです。聞く（**hear**）と、ここ（**here**）はつづりが違いますが、響きは一緒です。職業柄、通訳者の予測精度は比較的高いと思っていますが、当然、毎回確実に当てられるわけではありません。

　ある事例を紹介しましょう。場所はIT企業の本社で、設定は電話会議。会合の参加者は、とあるプロジェクトのメンバーです。日本からは日本人のメンバーと通訳者が参加しており、ヨーロッパの2拠点をつないでミーティングが行われました。プロジェクト自体は無事に終了し、全体を総括するための電話会議だったと記憶しています。

　冒頭、日本人のプロジェクトマネージャーから、これまでの各メンバーの貢献を讃える発言があり、その後、各拠点のメンバーが一言ずつ挨拶をしました。成功裏に終わったプロジェクトということもあり、全体的にムードは和やか。このプロジェクトの担当は初めてだったものの、細かい話が出てくることもなく、リラックスした気分で通訳していました。

　ミーティングは1時間ほどで終わり、次の予定があるメンバーは一人また一人とログアウトしていきました。名残惜しいのか、それぞれの拠点から数人がまだ雑談をしています。通訳をする必要もなさそうな雰囲気でしたが、サービス精神でそのまま通訳を続けていました。

　「もう帰っても良さそうだな」と考えながら、上の空で訳していたからでしょう。気を抜いている間に、話は先に進んでいました。記憶を巻き戻して思い出せたのは **she** と **finish** という二つの単語。案件が終了したばかりだったこともあり、あまり気にせず「彼女の任務も終わりです」と訳しました。

　日本人参加者は誰も否定しなかったので、そのまま聞いていたのです

が、どうも話が変な方向に向かっています。通訳者がまだ訳しているとは思っていない様子のヨーロッパ側の参加者は、内輪話で盛り上がり、話は断片的にしか聞こえません。でも、漏れ聞こえてきた「サウナ」という単語でピンときました。話題になっていたのは、n が二つ並んだ **Finnish**、そう、「フィンランドの」を意味する単語のほうだったのです！

　辞書で引いてみればわかりますが、**finish** と **Finnish** の発音記号はまったく同じです。前者は主に動詞として、後者は主に形容詞として用いられるため、混同することはまれですが、このときは偶然が重なり、すっかり取り違えてしまいました。くだけた場で、通訳を必要としていた人も限られていたので事なきを得ましたが、そのあとの会話は細大漏らさぬよう、真剣に聞いたのは言うまでもありません。

　転んでもただでは起きないのが通訳者です。その後、**Finnish** を深掘りする中で、興味深い事実を知りました。英語において、ある国の国民や都市の住民を表す言葉は実に多様で、**demonym** と呼ばれています。場所を指す言葉を変化させて用いている場合が多く、例えば **Mexico**（メキシコ）の **demonym** は **Mexican** ですが、この言葉は同時に、「メキシコの」という意味の形容詞でもあります。**American** や **Australian**、**Canadian** も同様です。ただ、形容詞と **demonym** が必ずしも一致しないケースもあるので、注意が必要なのだそうです。一般的に **sh** で終わる場合は、**demonym** にならないという法則があるとか。これを見極めるためには、**a** を入れてみるとわかりやすいようです。**I am an American**（私はアメリカ人だ）は聞いたことがありますよね？　でも **I am a Finnish** とは言わない。フィンランド人を指す場合には **Finnish** は使わず、**I am a Finn** となります。少し面倒くさい気もしますが、皆さんもぜひ、自分の居住地の **demonym** を探してみてください。

覚えておこう!

Finnish
＝ フィンランド（人・語）の

Let's not whine over wine

ワインは楽しく

通訳者が呼ばれるイベントの一つに愛好家の集いがあります。カメラ愛好家、電車愛好家、時計愛好家など、それぞれに深い知識と熱い情熱を持った参加者が集まる会ですので、通訳者もかなりの「知識武装」をして挑むことが求められます。通訳者にとって事前勉強は欠かせない作業ですが、愛好家が集まる会ではさらに深い情報収集を心がけます。ただ、どれだけ情報を集めても、所詮「浅漬け」でしかありませんので、当日は、化けの皮が剥がれてしまわないか？とドキドキするものです。

こうした愛好家の集いの一つにワインセミナーがあります。ワインの醸造家やエバンジェリスト（伝道師）たちの話を聞きながら、そのメゾンのワインのテイスティングを行う、ワイン愛好家に人気のある集まりです。フリーランスになって間もないころ、あるワインセミナーで通訳をしました。

フランスから有名ワイナリーのオーナーが来日し、異なるドメーヌ（生産者）のワインを試飲するというセミナーでした。オーナーによるワイナリーやワインの特徴に関するプレゼンテーションが終わり、全員で乾杯。目の前に配られるグラスごとにオーナーが説明を加え、参加者にテイスティング後の感想を尋ねます。ちなみにこの「テイスティング・コメント」は、外観（**Appearance**）、香り（**Nose**）、味わい（**Palate**）、結論（**Conclusions**）の順に語っていくと良いそうです。

参加者の発言をオーナーの耳元でささやくようにウィスパリング通訳するわけですが、いわゆる「ワインおたく（**Wine Connoisseur／Wine Geek**）」の皆さまですので、それはもう、表現力が豊かで、脳内辞書では対応しきれず、手元の電子辞書の力を借りながらひたすら訳していました。最初は言葉少なに答えていた参加者も、グラスを重ねるにつれ舌も滑らかになり、これまでに出あった高級ワインや訪れたワイナリーの思い出へと話題を膨らませながら、会は和やかに進んでいました。ところが、

何かのきっかけで、参加者の一人が過日飲んだハズレワインの話を始めたところ、話題の中心は期待外れだったワインの話へ。ネガティブな単語が飛び交う中、せっかくの場なのだから話題をポジティブに変えるきっかけはないかと探っていたところ、隣に座っていたオーナーがすっくと立ち上がり、笑顔で言いました。

Let's not whine over wine. My wines are here to receive great compliments.

「ワイン **over** ワイン」。瞬時に私の耳が聞き取ったのはこれでした。さて、どう訳そうか。**Wine** と聞こえたからには、ほかの単語である可能性など1ミリもよぎりません。答えは見つからないものの、笑顔を浮かべ、文脈から推測して訳しました。

「どうぞ、ワインで争わないでください。私のワインは皆さんのお褒めの
　言葉を待っています」

なんとか場は収まって、その後は楽しい会話が続き、セミナーは無事終了。お客様をお見送りしたあと、すかさずオーナーに尋ねました。「『ワイン **over** ワイン』ってどういう意味だったんですか?」。オーナーの答えは、「同音異義語を使った言葉遊びだよ」。そう、彼は **whine** と **wine** という同じ発音の言葉を巧みに使い分けていたのです。文字のまま訳すと「ワイン（**wine**）を飲みながらブツブツ言う（**whine**）のはやめましょう」。意訳するなら「ワインは楽しく飲みましょう!」でしょうか。**Whine** という動詞がすぐに浮かんでいれば間違えるはずもありません。しかも最初に聞こえたワインは、文の構造上、動詞のはずですから、名詞の **wine** であるわけがない。でも目の前で繰り広げられるワイン話の応酬に、**wine** 以外の単語が浮かんでこなかったという、ひよっこ通訳者らしい失敗談でした。

覚えておこう*!*

Let's not whine over wine
＝ ワインを飲みながら不平を言わない

38 Gofer

ゴルファーではありません

　ある企業で、人事部と社長の間で行われている週例会議の通訳を担当したときのことです。議題となっていた項目を話し終え、ある経営幹部についての話になりました。この人物は、経営の中枢にありながらも、現場レベルのこともこまごまと器用にこなしてしまうことで定評がある人で、それをどう受け止めるかは社内での立場によってそれぞれだったようです。アメリカ人の社長は、必ずしもポジティブには受け止めていないようでした。そんな会話の中で社長は次のように言いました。

He is not here to be a gofer.

　当時、筆者は gofer という単語を知りませんでした。しかも一瞬、**golfer** と言ったのかと勘違いしてしまいました。この企業の経営陣は、社長をはじめとしてゴルフ通が多く、話題になっていた彼もゴルフ好きでした。普段から、この社長が話しているときはゴルフの話題が多かったので、条件反射的に「ゴルファーとして働いてもらっているわけではない」と訳しそうになりました。ですが文脈からして、「ゴルファー」ではないのは明らかです。出かかった言葉をぐっと飲み込んで、社長に聞き返してみました。

　社長によると、gofer とは、「雑用係、使い走り」のような意味だとのこと。説明を聞いてやっと、発言の意図がつかめました。とんでもない誤訳をするところだったので、いまでも思い出すと背筋が凍る思いです。

　その会議自体は無事に終了したのですが、あとでこの単語の意味や由来を調べてみることにしました。Merriam-Webster 英英辞典によると、**gofer** は、**an employee whose duties including running errands**（使い走りを含む業務を行う社員）を指し、1967 年に初めて使用されたのではないかと書かれています。**Errand** は短距離移動を伴う用事で、**run errands** は雑用を指すときによく使う表現です。

由来についてさらに調べてみると、一説では1950年代のアメリカで、**go for** が変化して生まれた造語だとされています。この **go for** は **go for coffee**（コーヒーを取りに行く）のように、雑用係が何かを取りに行く動作を説明するときに多用された句動詞だそうです。これらの二つの単語がつながって、**gofer** という名詞になったというわけです。

　また似たつづりで同じ発音の **gopher** という単語もあります。同じく Merriam-Webster 英英辞典では、名詞の一つ目の意味として、「米南部に生息するアナホリゴファーガメというカメの一種」が挙げられています。続いて北米、中米などに生息するジリスというリスの一種との説明があり、そのあとに **gofer** が **gopher** とつづられることもあると記述されています。これは発音が同じであることから **gopher** を雑用係、使い走りの意味でつづる人もいるということのようです。

　俳優のブラッド・ピットが2020年のアカデミー賞助演男優賞を受賞した映画、『ワンス・アポン・ア・タイム・イン・ハリウッド』で演じた役が、まさに **gofer** そのものです。この映画について書かれた米エンターテインメント・ウィークリー誌にこんな説明がありました。

　Leonardo DiCaprio plays a fading TV star named Rick Dalton while Brad Pitt portrays his stuntman-turned-gopher Cliff Booth.

　「レオナルド・ディカプリオは落ち目のテレビスター、リック・ダルトンを、ブラッド・ピットはスタントマンであったが、いまやリックの雑用係となったクリフ・ブースを演じている」（筆者訳）

　この映画をブラピの役に注目しながら見ると **gofer** の意味がよく理解できるかもしれません。

覚えておこう！

Gofer
＝ 雑用係、使い走り（発音が同じ gopher とつづられる場合もある）

39 Fight-or-flight response

追いつめられたらどうする？

インターネットの普及により、「テレビ離れ」が進んでいるという話をよく聞きます。特に、Netflixなどの番組配信サービスは人気で、筆者もアメリカのドラマ、中でも犯罪サスペンスにはまっています。これまで刑事ドラマや脱獄もの、CIAやFBIの捜査官が主人公のシリーズなどを片っ端から見てきたので、このフレーズも見聞きしたことがあったはずですが、仕事で初めて出あったときには、まったく思い出せませんでした。

通訳者になったばかりのころ、連続して担当していた刑事司法分野の国際研修がありました。新人でも常設の通訳ブースで同時通訳をさせてもらえる貴重な機会である半面、専門的な法律用語が飛び交うかなり高度な内容で、緊張感のある現場でした。参加者も裁判官、検察官、警察官、麻薬取締官など法執行機関の当局者ばかり。講師の外国人専門家は直前に来日することが多く、ぎりぎりまで資料が出ないことも珍しくありません。前日の夜に届いた資料を徹夜で読み込み、寝不足のまま現場に駆けつけることもしばしばでした。

その日のスピーカーは、国際機関に勤めるインド人の臨床心理学者。日々犯罪者と向き合う刑務所の刑務官などの矯正職員（**correctional officers**）が抱えるストレスについての講義だったと記憶しています。事前にスライドは出ていたものの、講師はこのテーマで話すことに慣れているらしく、参加者に質問を投げかけたり、時には脱線したりしながら、自由に話を進めていきます。こうしたライブ感のある講義は、原稿を棒読みする場合よりも話し手の狙いがわかって訳しやすいことが多いのですが、この人の場合はいわゆる「インド英語」で、時折聞き取りにくい箇所があるのが気になっていました。

講義は「ストレスとは何か」という概論から始まり、徐々に「矯正施設に特有のストレス」についての具体的な事例へと進んでいきました。その

ときに講師が説明していたのは、閉鎖的な場所で犯罪者と接している刑務官は、有形無形のストレスにさらされており、その結果としてさまざまな生理学的反応が引き起こされる、という話。続けて出てきたのが、次の一言でした。

These are best described as the "fight-or-flight response."

「これを最もよく言い表している言葉が」という前振り部分は問題なく聞き取れました。しかし、続く「ファイト・オア・フライト」がわかりません。そもそも音が似ている上、独特のなまりも加わって、両方「ファイト」と聞こえてしまいました。「戦う」が2回続くということは、かなり好戦的な心理状況になるということ? でも、刑務官が受刑者に対して攻撃的になってはいけないはず……などと頭の中で必死に考えを巡らせます。窮状を見かねたパートナーが、ひらがなで「とうそう」と書いたメモを見せてくれたものの、欲しいのは「**fight**＝闘争」ではなくこの状況に合う訳なので、残念ながら役に立ちません。結局その場では、自信なさそうに「ファイト・オア・ファイト」と聞こえたままを言って、ごまかすことしかできませんでした。

あとから知ったことですが、このフレーズは心理学用語で、日本語では「闘争・逃走反応」と言います。人が危機的な状況に直面したとき、「戦うか逃げるか」を自分に迫る神経反応のことです。交感神経（**sympathetic nerve**）の興奮による呼吸や心拍数の増加、血圧の上昇、発汗などを伴います。確かに、絶体絶命のピンチに追い込まれた状況を想像すれば、どんな反応か理解するのは難しくありません。

とはいえ、**fight**と**flight**の発音が似ている上に、日本語でも「とうそう」が2回繰り返されるなんて、通訳者泣かせだと思いませんか? その後もちょくちょく遭遇しましたが、パートナーが困っていたら、必ず漢字で書いたメモを見せるように心がけています。

覚えておこう！

Fight-or-flight response
＝ 戦うか逃げるか反応、闘争・逃走反応

40 **A is a good segue into B**

あのセグウェイではなく……

　皆さんは **A is a good segue into B.** という表現をご存知でしょうか。「トピックAはトピックBに移る際のよい前振りである」という意味です。ここでご紹介するのは、通訳の現場で訳せなかったフレーズというよりは、**segue** のスペリングを勘違いしてしまったというお話です。

　Segue は、そのつづりからは想像しにくいのですが、実はアメリカでは [ˈsɛgweɪ]（セグウェイ）と発音します。アメリカ滞在時に耳で覚えた表現だったので、てっきり **Segway** のことだと誤解していました。ご存知のように **Segway** は、日本を含め、世界の観光都市でよく使用されている電動立ち乗り二輪車のこと。旅先で目にした人もいるかもしれません。最近では警備にも使われ始めています。**Segway** のほうの発音は [ˈsɛgwej] で、最後の [j] の発音だけが **segue** と異なります。

　この [j] は日本人にとっては発音しにくく、また聞き取りにくい音です。例えば、**year** も **ear** もカタカナにすると「イヤー」ですが、発音記号を確認してみると、前者は [jiə]、後者は [iə] と異なります。音声学が専門のアメリカ人の友人に尋ねたところ、ネイティブの人たちは単語の最初に [j] の音があるかないかで **year** か **ear** かを聞き分けているそうです。

　話は戻って **segue** ですが、この単語はイタリア語由来の音楽用語で「途切れなく続くこと」を意味します。そこから **A is a good segue into B.** は、「トピックAからトピックBにうまく途切れなく続く」が転じて、「トピックAはトピックBに移る際のよい前振りである」という表現になったようです。

　実は、以前とあるエッセイでこの表現を取り上げた際、最初は **A is a good Segway into B.** と紹介していました。それを見た英語ネイティブの友人から指摘を受け、**segue** に修正したということもありました。

　一方で、**segue** と **Segway** でネット検索をすると、どちらが正しいか

を議論するような記事がたくさん見つかります。そのうち、信頼度が高いと考えられる Merriam-Webster 英英辞典（オンライン版）の "**Segue or Segway?**" というページをのぞいてみました。

そこにはどちらのつづりが正しいかに対する回答が掲載されていたので、一部引用します。

> **The word you want to use in such cases is *segue*. [...]**
> **perhaps because of the proliferation of Segways, it's becoming more common to see *segway* in print in place of *segue*.**
>
> 「そのような場合、**segue** が正しい。[中略] おそらく **Segway** が広く使われるようになったことにより、出版媒体では **segue** よりも **segway** のつづりを目にする機会が増えている」（筆者訳）

言葉は生き物です。時代の流れで **Segway**（または小文字の **segway**）の使用も正式なものとして定着する日がくるのかもしれません。

最後に **A is a good segue into B.** の使い方をご紹介します。例えば、グローバルの会議で司会をしているときに、トピック A からトピック B に移る際のつなぎの言葉として使用することができます。また、会議の時間が押していて、いまの議論を切り上げて多少強引にでも次のトピックに移らなければならないような場面でも有効なフレーズかと思います。

さっそうと街を駆け抜ける **Segway** がトピック A とトピック B をつなげるイメージ。筆者の想像力が膨らみすぎた勘違いのお話でした。

覚えておこう！

A is a good segue into B
＝ トピック A はトピック B に移る際のよい前振りである

41 **Fist or five**

究極の選択

この表現に出あったのは、外資系製薬会社の経営会議。各部門のリーダーが集まって課題の共有と対策の検討を行うための定期会合の場でした。常設ブースを備えている会社だけあって、参加者の国籍もさまざま。開始早々、日本語と英語が入り乱れた議論が活発に交わされていきます。そんな中、そろそろ1回目の休憩を取ろうかというとき、議事進行役の日本人が言いました。「ではグッパーしましょうか」。

一瞬、何のことだかわからず、まずは **It's time for Guppa now.** と訳しつつ、ガラス越しに会議室の様子をうかがいました。パートナーの通訳者が差し出してくれたメモには「グー・パー?」とあります。確かに会議室の中では、じゃんけんのグーとパーで採決が始まろうとしていました。

グーはげんこつだから **fist**。パーは手のひらだから **palm**。急いで **Guppa... which means, fist or palm** と付け加えました。経営会議では毎回この方法で決が採られているようで、この **fist or palm** という訳の良し悪しはさておき、会議は何事もなく進んでいきました。

後半、議事進行役がアメリカ人に替わり、再び採決の時間になると、聞こえてきたのは **fist or five** という表現。どうやら決まり文句のようです。なるほど、こちらのほうが語呂が良い、などと感心しつつ、それ以降、「グッパー」と言われたら **fist or five** と訳すようにしました。

このように、**five** は5本指、すなわち「開いた手」を意味することがあります。例えば **high five** といえば、喜びの気持ちを表すために、かざした互いの手のひらを打ち合わせる動作を指します。ちなみに、「ハイタッチ」と呼ばれたりしますが、これは和製英語です。

その数週間後、ソフトウェア開発に関する講義の通訳を担当したときのことです。準備のために資料に目を通していると、あの見慣れたフレーズが目に飛び込んできました。でもよく見ると **fist to five** と書いてありま

す。fist "or" five ではなく fist "to" five。不思議に思って調べてみると、なんと、こちらが本家でした。

Fist to five は、前述の「グッパー」と同じく、採決の方法です。**Fist of five** とも呼ばれ、「フィスト・トゥ・ファイブ」のようにカタカナのまま、あるいは「五指投票」と訳されることも。アジャイル開発というソフトウェア開発手法において、チーム内で効率的に合意形成するためのテクニックとして生まれました。会議の参加者に挙手を求め、参加者は、示す指の本数で賛成の度合いを表します。

グーからパーの6段階評価、グーを使わない5段階評価など、バリエーションはありますが、いずれも指の本数が多ければ多いほど、賛成の度合いが高くなります。冒頭の「グッパー（**fist or five**）」は、いわば **fist to five** の派生型だったのです。

アジャイル開発は、ソフトウェアとして成立する最低限の機能だけでまず初期の開発を行い、その後、状況やニーズに合わせて、必要な変更や機能の追加を適宜行っていくという考え方です。このアジャイル方法論のもと、迅速な意思決定や円滑なチームワークのためのテクニックが考案されました。**Fist to five** もその一つです。

ところで、冒頭の会議で苦し紛れに出した **fist or palm** という訳は、どういうニュアンスを持っていたのでしょう。このフレーズをネットで検索すると、出てくるのは格闘技のページばかり。そこで、知人のオーストラリア人に **fist or palm** と言われたらどんな印象を持つのか聞いてみました。すると、「『パンチかビンタ、どちらか選べ』と脅されているのかと思うよ」との回答でした。危なかった……。

覚えておこう！

Fist or five
＝ グーとパーによる採決（投票）の方法

42 **Like-for-like**

今年と昨年を比べるときは？

　皆さんは、昨年と今年の事業業績を同じ条件で比較したい場合、どのような英語表現を使いますか？ 例を挙げてみましょう。

　コンビニを数十店舗経営しているとします。昨年の8月に3店舗を店じまいし、10月に5店舗を新たにオープンしました。昨年と今年の全店舗の売上を比較したい場合、単純にこの2年間の全店舗の売上合計を比較すると、店舗数の増減があるため、正確な比較をすることができません。

　このような場合に、閉店した店舗と新規開店した店舗を計算から除き、既存店の売上だけを見て、事業が成長しているかどうかを確認するということが、ビジネスではよく見られます。店舗経営だけでなく、ほかの事業の場合でも、例えば新規事業を除いた既存事業のみを見て、同じ条件で業績や数字を比較することがあります。

　この「同じ条件で比較する」という意味で、**like-for-like** という英語表現に出あったのは、複数店舗を展開するイギリス系企業の取締役会議の通訳をしていたときでした。**Total sales increased by 5% like-for-like.**（合計の売上が、既存店ベースで前年比5%増加した）というふうに使われました。初めて聞いたときは戸惑いましたが、すかさずパートナーの通訳者が「既存店ベースで」とささやいてくれて、助かりました。

　この企業の場合は「既存店ベースで」と訳すことになっていましたが、店舗経営のビジネスではない場合は、「既存ビジネスで売上が前年比5%増加した」などと訳すこともできます。また前述の表現では、**like-for-like** を副詞句として使っていますが、**The company's like-for-like sales increased by 5%** と **like-for-like** を形容詞句として使うことも可能です。

　Like-for-like のほかに、「同じ条件で比較する」という意味でよく使われるのが、**apple(s)-to-apple(s)** です。**Make an apple(s)-to-apple(s) comparison.** の直訳は「りんごとりんごを比べる」なので、同じ条件で比

較していることがイメージしやすいですね。一方、**You are comparing apples to oranges.** と言うと、りんごとオレンジを比べているので、「あなたは、正確に比較できないものを比較しようとしています」という意味になります。

Apple(s)-to-apple(s) は、特にアメリカ系企業で耳にします。しかし、**like-for-like** はそれまで聞いたことがなかったので調べてみると、もともとはイギリス英語であることがわかりました。同じ条件で比較するときに使われる表現なので、例えば、自家用車を修理に出す際に、**We will provide you with a like-for-like vehicle.** と言われたら、「同じ価値、品質の代車を用意します」という意味になります。また、**It would be difficult to find a like-for-like replacement for him.** だと、「彼と同じような能力や資質を持った後任者を探すのは、難しいだろう」となり、性質などを比較できます。ゆえに、これを会計で使う場合は、「同じ条件下の前年同期比」として使えるわけです。使い方を身につけると便利なフレーズです。

「前年同期比」を表す表現としては、ほかにも **Profits are up 10% on a year-over-year basis.**（利益は前年同期比で10％成長した）のように、**year-over-year** や **year-on-year** もよく使われます。また **Profits are up 10% for the corresponding period in 2015.**（利益は2015年の同期間と比較して、10％伸びた）と言うと、前年だけでなく、ほかの年とも比較をすることができます。このように、比較の条件を短いフレーズで説明することができる表現は、たくさん覚えておきたいものです。

余談ですが、**like-for-like** を SNS の世界で **#likeforlike** や **#like4like** などと使うと、「私の投稿に『いいね』をしてくれたら、あなたの投稿にも『いいね』をします」という意味となり、日本語では、「＃いいね返し」と言うそうです。文化ごとに特有の表現があって面白いですね。

覚えておこう！

Like-for-like
＝ 同じ条件で比較すること

43 **Adsorption**

bとdの違い

　「吸収」を意味する **absorption** は、高校生のころに習った記憶がある人も多いのではないでしょうか。では、一字違いの **adsorption** はどうでしょう？　一見、ほぼ同じに見えますが、2文字目が **b** と **d** で異なります。**Adsorption** の基本的な意味は「吸着」ですが、筆者は **adsorption** という単語の存在自体、数年前まで知りませんでした。

　ある資源関係の研修の通訳を担当したとき、2、3日前に届いた資料に **adsorption** という言葉が何度か登場しました。見学先の鉱物の性質を説明している、筆者にとっては難しい資料で、ほかにも化学や鉱物関係の知らない単語がたくさんありました。そちらのチェックが大変だったことに加えて、**absorption** と一字違いの **adsorption** という言葉があることを知らなかったため、あろうことか「タイプミス」だと思い込み、単語の上に二重線を引いて、**absorption** と修正してしまいました。

　通訳当日、**absorption** だと思って話をしていると、外国人の参加者から、それは **absorption** ではなく、**adsorption** ではないか、という指摘がありました。長期研修の通訳で、すでに研修メンバーとは仲良くなっていたこともあり、この時は笑い話で済みましたが、勝手な思い込みは禁物です。何事もまずは調べてみることが大切だと再認識しました。

　Absorption のほうは、特に専門的な話でなくても登場し、「没頭する」「夢中になる」などの意味でも使用されます。一方、**adsorption** は科学用語です。論文や特許関係の文書に「吸着」の意味で出てくることが多く、比喩的な意味はないようです。

　日本語の「吸収」と「吸着」の言葉の意味と違いについても調べてみました。国語辞典を見ると「吸収」は「吸い取ること。物質を中に取り込むこと」で、「吸着」は「吸い付くこと。二つの異なる物質相が接するとき、その界面で、それぞれ構成している成分が濃縮される現象」とありました。

中に取り込まれず、表面にくっついている状態を指しているわけです。

　少し込み入った話になりますが、語源の観点からも整理してみましょう。異なっているのは接頭辞、**ab-** と **ad-** で、後半の **-sorption** は共通しています。**ab-** は「その方向へ、〜から」、**ad-** は「離れた、〜の方へ」という意味です。共通部分の **-sorption** の **-sorp** はラテン語の **sorbere** からきており、これには「吸い込む、飲む」という意味があるため、接頭辞によって二つの単語は異なる意味になっています。吸収と吸着が同時に起こる場合もあり、その現象を日本語では「収着」と言うそうです。「収着」は、英語では接頭辞がない **sorption** という単語で表されます。これに **de-** がつくと脱着（**desorption**）になります。

　さらに調べてみると、吸収にも吸着にも、それぞれ物理（**physical**）吸収／吸着と、化学（**chemical**）吸収／吸着があることがわかりました。物理吸着は低温、化学吸着は高温で起こる現象だそうです。吸収されるほうの物を吸収質（**absorbate**）、吸収するほうを吸収媒（**absorbent**）といい、これも接頭辞が **ad-** になると、吸着を意味するため、実に通訳者泣かせです。

　つづりの違いに注意が必要という点では、アメリカ英語とイギリス英語のつづりの違いも同様です。例えば、米語の **center** がイギリス英語では **centre** となり、**color** が **colour** となることなどはよく知られていますが、「分析する」を意味する **analyze** などは、米語では **z**、英語では **s** を使って **analyse** と書くことを知っていないと、スペルミスだと思ってしまったり、一方を間違いだと思い込んでしまったりということがありえます。

　少しでも疑問を持ったら、サボらずに辞書を引く。プロだからこそ、基本動作はしっかり身につけておきたいものです。

覚えておこう！

Adsorption
＝ 吸着

44 **Digitization**と**Digitalization**

発音の違いはわずかでも

Digitizationと**Digitalization**。よく似た響きでしょう？ 特に深く考えなければ、ともに「デジタル化」と訳されがちなこの二つの単語ですが、実は意味が違います。その違いを明確に理解していなかったために困った例をご紹介しましょう。

建築業界のデジタル化についてのセミナーでウィスパリング通訳をしたときのことです。プログラムに掲載されている各セミナーの概要を頼りに、「BIM（ビルディング・インフォメーション・モデリング）」や建築用ロボット、建築のIoTなど、あまりなじみのない建築用語を一生懸命予習して行きました。でも意外な落とし穴は、先ほどの二つの単語の違いにありました。

あるセミナーの冒頭、「**Digitalization**を行うためには**Digitization**が必要」とスピーカーが話し始めました。「デジタル化の前にデジタル化？」と軽くパニックになり、とっさに「デジタライゼーションにはデジタイゼーションが必要です」とカタカナで訳しました。でも、違いがわかりにくく、混乱した人が少なくなかったようで、それに気づいたスピーカーが追加で説明しました。

その説明を要約すると、**digitization**とは、アナログ情報をデジタル情報に変換すること。例えばファックスや紙で受け取った情報や写真を、コンピュータで処理できるようにデジタル形式に変換することを指します。一方、**digitalization**とは、IT技術を使い、デジタル化された情報を活用して現行の業務を進化させることで、業務全体を効率化することを指します。例えば請求書の発行など、反復作業が多い事務作業にRPA（ロボティック・プロセス・オートメーション）を導入して、人間による手作業を大幅に減らすのはデジタライゼーションです。現在デジタル化が議論されるときは、デジタイゼーションよりも後者のデジタライゼーションを意味

することが多いといえます。

　それなのに前述のセミナーで、前者の **digitization** が取り上げられたのは、建設業界が世界的に **digitization** も **digitalization** も、ともに遅れている分野だからでしょう。その理由として建設現場では実際に人の手や目で作業をすることが多い、建設業界の構造が複雑、就業者の平均年齢が比較的高いことなどが挙げられています。理由はともあれ建設業界ではいまだに紙の伝票や手書きの書類などが多いため、デジタライゼーションを行うためにはまずはデジタイゼーションを行う必要があると指摘したかったのでしょう。手作業が多い建設業界では無駄も多いそうで、近年ようやく、IT 技術を取り入れて生産性を向上させようとデジタル化の動きが高まってきたところです。

　もう一つあわせて覚えておくと役立つ単語に、**digital transformation** があります。略して「**DX**」とも言われ、「デジタル変革」と訳されたりします。上記のデジタライゼーションをさらに一歩進め、クラウドやビッグデータ、AI（人工知能）や機械学習などの最新技術を駆使して既存のビジネスのしくみそのものを変革し、それによって新たな価値を生み出して収益を上げることを指します。自動車も運転手も抱えず、アプリで移動サービスを提供する Uber はその一例です。デジタルトランスフォーメーションは今後企業がさらに成長するためには不可欠なものとして注目を集めています。

覚えておこう*!*

Digitization
= アナログ情報をデジタル情報に変換すること
Digitalization
= デジタル化した情報を活用してビジネスや業務全体を効率化すること
Digital transformation
= 既存のビジネスのしくみそのものを変革し、それによって新たな価値を生み出すこと

通訳のジャンル

　通訳とひと口に言っても、必要とされる現場はさまざまです。本書で紹介しているエピソードに登場するいくつかの通訳のジャンルを集めてみました。

【1】会議通訳

　「会議」の「通訳」をすることからついた名前ですが、活動の場は多岐に渡ります。多くの人が最初に思いつくのは、主要国首脳会議（サミット）など、大きな国際会議場のブースで行われる多言語同時通訳ではないでしょうか。もちろん、このような現場も含まれますが、外国人スピーカーを招いての講演会や、大学等でのシンポジウム、少人数のセミナーまで、人数も対象もそれぞれです。日本では、次に紹介する「ビジネス通訳」を含めて会議通訳と呼ぶのが一般的です。

【2】ビジネス通訳

　グローバル化が進み、ビジネスの現場における通訳の需要はかつてないほど高まっています。例えば、社内に外国人役員やスタッフがいれば、日常的に通訳が必要になりますし、海外との取引があれば、商談の際に通訳が要るでしょう。外国人に同行して、企業訪問や工場見学の通訳をすることもあります。中でも、外国人投資家が投資目的で日本の企業を訪問したり、電話会議で業績や今後の見通しについて質問したりするときに、企業側の担当者と投資家の間で通訳をする「IR通訳」は需要の高い分野です。

【3】コミュニティ通訳

　少し耳なじみのない言葉かもしれませんが、「コミュニティ通訳」と

は一般的に、日本に暮らす外国人のために、日常生活のさまざまな場面で行われる通訳のことを指します。代表例の一つが、捜査や公判において、司法当局者や弁護人と、罪に問われた外国人の間で通訳を行う「司法通訳」です。本書でも法廷における通訳の事例が何度か出てきます。ほかにも、病院などで医療従事者と患者の間のコミュニケーションを支援する「医療通訳」、各種の行政サービスの担当者と外国人住民を橋渡しする「行政通訳」、聴覚障害を持つ人を対象とした「手話通訳」などがあります。

【4】通訳ガイド

　来日した外国人観光客に同行し、外国語で旅行案内（ツアーガイド）をする仕事です。従来は「通訳案内士」という国家資格が必要でした。しかし、東京オリンピック・パラリンピック競技大会実施に伴う需要増に備えるため、2018年に通訳案内士法が改正。通訳案内士を「全国通訳案内士」と改称した上で、業務独占規制を廃止したため、いまは資格がなくても、有償で通訳案内業務を行うことができるようになりました。外国語でのガイド業務が中心ですが、訪問先の担当者が日本語しか話せない場合などは、ほかのジャンルの通訳者と同様に、話し手と観光客の間の通訳をすることもあります。

　通訳のジャンルにはほかにも放送通訳、エンターテインメント通訳、スポーツ通訳などがあります。その活躍ぶりは、拙著『通訳になりたい！ゼロからめざせる10の道』（岩波書店）や、雑誌『通訳・翻訳ジャーナル』（イカロス出版）で読むことができます。

意外と役立つ
専門用語

通訳者が担当する案件は実にさまざまです。世の中では、大きな国際会議場で行われる多国間協議のイメージが強いかもしれませんが、工場や軍事施設、手術室の中まで入って通訳をすることもあります。近年需要が安定して高いITや医療関係の通訳では、細かい数字や方程式、化学式が飛び出すことも珍しくありません。Part5ではマニアックながらも有用な専門用語を紹介します。

45 Visual vampire

うしろに吸血鬼？

　広告代理店の社内通訳者には、新製品のブリーフィング、コンセプト
やアイデアの会議、消費者調査、役員会議での通訳などさまざまな仕事
があります。中でもコマーシャルの撮影現場の立ち会い通訳は少し特殊
です。1日中通訳をするわけではなく、人気のセレブリティに会えることも
あります。

　初めて撮影現場に行く通訳者は、きっと監督の指示に戸惑うことで
しょう。例えば、「ちょっと、花瓶わらって」。もちろん花瓶が笑うわけがあ
りません。「わらう」は「片付ける」という意味です。「カメラ、パン」はカメ
ラが **pan**（パン）すること。パンは、カメラを固定したまま、フレーミング
を水平または垂直方向に移動させる技術を指します。

　こうした撮影は、時間が延びることが多いのですが、その一番の原因
は **product shot** と呼ばれる商品カットです。クライアントにとっては最
重要で、アップで撮り、引きで撮り、アングルを変え、小道具を置いたり
外したり……。とことんこだわって、多くのカットを撮影します。

　ある時、家庭用芳香剤のコマーシャル撮影の通訳を担当しました。ク
ライアントの外国人が立ち会うので、監督の指示や出演者とのやりとりの
一部始終をウィスパリングしてほしい、そして外国人が発言するときの通
訳もしてほしい、とのこと。当然、**PPM**（**pre-production meeting**）と
呼ばれる撮影前の最終確認会議の資料に目を通し、**storyboard** と呼ば
れる絵コンテや **director's shooting board** と呼ばれる演出コンテも確
認して臨みました。最初に出演者同士のやりとりがあるドラマのシーン、
次に商品のデモシーンと撮影は順調に進み、最後が商品カットでした。

　商品カットは通常、まず商品だけをアップで撮ります。正面からだけで
なく、**bird's-eye-view** と呼ばれる俯瞰や **hero shot** と呼ばれる下から
カメラを煽って撮るアングル（商品が大きく見えて存在感が出る）も撮影

することがほとんどです。商品のアップが撮れたら、次は **long shot** で引き画を撮ります。室内に置かれた状態を撮るので、おしゃれなスタンドや棚の上に置いたり、近くにスタイリッシュな小物を置いたりします。

　その日は爽やかさを演出するために観葉植物が使われていました。商品の隣に緑があると感じがいいな、と思いながら撮影を見ていましたが、監督がカットをかけてプレイバックしたところ、それを見ていた外国人クライアントが謎の一言を発しました。**We don't need a visual vampire here.**

　え？ 吸血鬼？ と混乱して通訳が止まってしまいました。するとクライアントは **Looks nice from here, but it becomes a visual vampire in the monitor.** と付け加えました。**Vampire** は吸血鬼だと思い込んでいたため、「ここから見ると素敵なのですがモニターで見ると吸血鬼に見えます」と訳しました。すると日本人スタッフは大混乱。吸血鬼に見える？ 観葉植物が？ 見えないだろう、などとざわついています。何をもめているのかとクライアントが聞くので、英語で「吸血鬼には見えないと言っている」と説明すると、彼は **Of course, it doesn't look like a vampire. I said, a visual vampire, not a vampire.** と笑い出しました。

　「えーっと、吸血鬼に見えるのではなく、ビジュアル吸血鬼に見えると言っています」と訳したものの、現場の混乱は深まるばかり。仕方がないので、クライアントに **visual vampire** とは何か、直接尋ねました。その説明によると、**visual vampire** とは本物の吸血鬼のことではなく、悪目立ちしてカットの中で主役を食ってしまうものを指すのだそうです。慌てて日本人スタッフに訂正して回ったのはいうまでもありません。私にとっては初めてのフレーズでしたが、ニュアンスはよく伝わりました。吸血鬼（観葉植物）がヒーロー（商品）より目立ってはいけませんものね！

覚えておこう！

Visual vampire
＝ 画面の中で悪目立ちして主役を食ってしまうもの

⁴⁶ **Five-nines**

100パーセントに近いほど

　数字の通訳は注意を要します。日本語では一、十、百、千、万、十万、百万、千万、億、十億、百億、千億、兆、と4桁ごとに呼び方に区切りがありますが、英語では、3桁ごとに区切るのが一般的です。**One, ten, hundred, thousand, ten thousand, hundred thousand, million, ten million, hundred million, billion, ten billion, hundred billion, trillion** といった調子です。

　通訳学校時代には、万や10万、億など特定の単位がスッと訳せず、苦労したものです。良い練習方法はないか講師に尋ねたところ、「ニュースでもアナウンスでも耳に入った数字をなんでも即座に訳してみたらどう？英語は日本語に、日本語は英語に」と具体的な助言をいただいたので、早速実践しました。いつもひっかかってしまう億に関しては、「（郷ひろみの）『2億4千万の瞳』は **two hundred forty million eyes**」と念仏のように日々唱え続け、やっとの思いで暗記しました。しかし1200を **one thousand two hundred** とは言わず **twelve hundred** と言う人もいますし、10年を表す **decade** や分数の表し方など、日本人には直感的にイメージしにくい表現もあるため、数字が出てくると同時通訳者はメモを取ってパートナーをサポートするのが慣例です。

　現場に出て、数字の訳出にもやや慣れたころ、あるIT企業のエンジニア会議を通訳する機会がありました。服はポロシャツにチノパン、靴は素足でスニーカーといった、いかにもIT企業らしいカジュアルないでたちの参加者が、オープンスペースのテーブルを囲んで自由闊達に議論を繰り広げます。その中でふいに、

Ours is like three-nines now.

と外国人エンジニアが口にしました。その瞬間思い浮かんだのは、まったく関係なさそうな『銀河鉄道999（スリーナイン）』のアニメのみ。謎の美

女メーテルをなんとか振り払い、通訳を続けます。やがて、どうやらスリーナインだけではなくフォーナイン、そしてファイブナインもあるらしい、ということがわかりました。

　業務終了後に知ったのですが、スリーナインは文字通り9が三つで99.9%、フォーナインは99.99%、ファイブナインは99.999%の意味だったのです。この言い回しは、物質の純度を表すこともありますが、IT業界では、稼働率（可用性）を示す表現として頻繁に使われています。稼働率は、システムやIT機器の「稼働してほしい総時間」に対する「実際の稼働時間」の割合で示されます。つまり100%に近いほど良いとされるわけです。

　しかしIT機器もハードウェアの故障やメンテナンス、あるいはヒューマンエラーや自然災害の影響などといったさまざまな原因によって、稼働できない時間も発生します。例えば基幹業務で使用されるシステムは、24時間365日の稼働が求められますが、もし稼働率が99.9%であれば年間およそ9時間、99.99%であれば52分、99.999%であれば5分の停止時間があることになります。**Three-nines**であれば毎月40分は止まっていることになり、かなり止まっている時間が長いな、と思われるかもしれません。

　現在**five-nines**が業界最高水準と言われていますが、高い稼働率を実現しようとすればするほど、停止時のバックアップにサーバやストレージを冗長化したり、電源を二重化したりと、コストがかかります。そのため使用目的に応じて**three-nines**や**four-nines**の要件が効率的と考えられる場合もあります。

覚えておこう！

Three-nines ＝ 99.9%
Four-nines　＝ 99.99%
Five-nines　＝ 99.999%

47 Blue House

白くないホワイトハウス

Blue House は、韓国の首都ソウルの北岳山を背にして建つ、青い瓦
屋根が印象的な建物です。漢字で「青瓦台」と書き、日本語では「せい
がだい」または、カタカナで「チョンワデ」と読みます。

この言葉との出あいは、韓国の観光ガイドブックではなく、日中外交に
ついての重々しいシンポジウムでした。中国の歴史や政治を猛勉強して
臨みましたが、同じ東アジアでも、メインテーマではない韓国については
準備が手薄だったことに加え、日ごろの勉強不足も重なって、この **Blue
House** という言葉は知らないまま当日を迎えました。

この言葉が出てきたのは、韓国政府の方針に関する話の中。文脈と、「○
○ハウス」との呼び名から、韓国でいうところの「ホワイトハウス（アメリカ
の大統領官邸）」にあたるものだろう、と直感しました。ただ、テーマがテー
マだけに憶測で訳して間違っていたら大ごとです。念のため「ブルーハウ
ス」とカタカナで訳出しました。ほとんどの出席者が東アジア情勢の専門
家だったことが幸いし、「ブルーハウス」のままで通じているようでした。

Blue House は、やはり韓国版「ホワイトハウス」でした。さらには、「韓
国大統領府」と訳せていれば満点でした。ここで留意すべきは、この政
府の方針を打ち出しているのが、**Blue House** という「建物」ではなく、そ
の中にある「政府組織」だという点です。日本でも「首相官邸からストップ
がかかった」などといえば、主語は官邸という建物ではなく、総理大臣や
その側近となります。

同様に、フランスのエリゼ宮（**Élysée Palace**）やロシアのクレムリン
（**Kremlin**）も、それぞれの国の「政府や政権」を指すことがよくあります。
このように「何かを言い表す場合に、それに関連の深いものをもって言い
換える」表現方法を、比喩の一種である「換喩」、英語では「**metonymy**
（メトニミー）」と呼びます。

換喩自体は地名や建物に限りません。国会議員の「金バッジ」や、接客業の「黒服」も換喩です。とはいえ、組織や機関の換喩には、所在地に由来するものが多いのも事実です。

　例えば、東京都千代田区の霞が関は、中央省庁が集中していることから、日本の中央官庁や官僚を指す換喩としてしばしば用いられます。アメリカの証券・金融業界のことをウォール街（**Wall Street**）、カトリック教会の総本山をバチカン（**Vatican**)と呼ぶのは、皆さんもご存知の通りです。

　通訳をしていると、実は、この換喩で苦労することがあります。例えば、企業の会議で、「契約書をアトランタに送って、いま確認してもらっている」という発言があったとしましょう。その背景を知らないと、「アトランタ」が本社を指すのか、はたまた送付先の別の会社の住所なのか、あるいは社名の一部、法律事務所、裁判所などなど、可能性が多過ぎて見当がつかなくなってしまいます。

　「アトランタ」が何を指すのかわからなくても、訳すこと自体は可能ですが、そんなときの通訳は土地勘の無い街を運転するのに似ています。曲がり角の目印を探すのに夢中になって、ぎこちない運転になったり、信号や標識、前方の車の停止など、発見が遅れたり見落としたりしがちになります。

　そんなわけで、筆者は企業の通訳をする際、準備の段階で必ず本社の所在地を確認するようにしてきましたが、**Blue House** の一件以来、各国の政府や行政機関の換喩も調べるよう心がけています。

　さまざまな国や地域の換喩を知ることで、楽しい発見も数多くあります。例えば、アルゼンチンの大統領官邸は、そのピンク色の石造りの外観から、**Casa Rosada**（英語で **Pink House**）と呼ばれているなんて、素敵でしょう？ こうなったら世界の官邸をすべて調べてみようかなどと、密かに企んでいます。

覚えておこう！

Blue House
= 韓国大統領府

48 **Embargo**

裸にすると見えてくる

　通訳にとって専門用語は、プラモデルでいうパーツのようなものです。代用品でなんとかしのぐこともできますが、専用のパーツが揃っていることで、美しくて丈夫、かつ機能的な模型を完成させられます。通訳者として、そうしたパーツのストックを充実させることはもちろん大切ですが、専門用語を丸暗記するだけでは、あとあと痛い目に遭うこともあります。

　その日は、日系自動車会社の欧州本部が主催するイベントの通訳でした。影響力のある一部の記者限定で開催する、正式発表を間近に控えたニューモデルのお披露目会です。本番を数時間後に控え、広報担当者が、日本から来ていた開発責任者に、その日の流れを説明しながら、こう言いました。**All the invitees have agreed to respect the embargo.**（招待者はすべて **embargo** を遵守することに同意済みです。）

　当時、貿易実務を勉強していたので、**embargo** が「出入港禁止」や「通商禁止」という意味だとは知っていました。自動車を積んだ船が洋上で立ち往生している情景を思い浮かべ、にわか仕込みの貿易知識を駆使して伝えようとしたところ、「エンバーゴでわかるから大丈夫」と遮られてしまいました。

　あとになって、**embargo** には「情報統制」との意味もあると知りました。新製品の情報は、正式発表まで秘密にしておきたいが、それでは、発表の直後の記事が、プレスリリースをなぞるだけの表面的な記事や憶測に基づく不正確な記事になる恐れがあります。また、自動車の場合、試乗した感想なども重要な情報ですが、そのような記事はすぐには書けないため、タイムラグが生じてしまいます。正確かつ良質な記事を書いてもらうにはある程度時間が必要で、その折り合いをつけるための解決策が **embargo** なのです。

　時間を稼いでいる間に、試乗や開発者のインタビューの機会を提供し、

一流紙やオピニオンリーダーに魅力的な記事を用意しておいてもらう。ニューモデルの発表とともに、周到に準備された記事が一気にあふれる。事前に情報を提供していない地方新聞やフリーペーパーのような小さな媒体、その他大勢のライターたちは、先に出た記事を参考にするため、狙いどおりの記事を量産できるというのが、自動車会社側の思惑です。必ず思い通りにいくとは限りませんが、一定の効果はあるようです。

　この embargo という言葉は、さまざまな分野で登場します。アメリカのキューバに対する「禁輸措置」も、航空会社の「輸送禁止品」も、学術論文の「公開猶予期間」も、すべて embargo です。

　Embargo は em-（〜の中に）と barra（バリケードを築く）というラテン語が合わさることで生まれた言葉だそうです。「禁止」を意味する英単語はほかにもありますが、embargo には特に「壁を作って出入りを差し止める」というニュアンスが感じられます。

　メディア経験のある友人に、embargo の日本語訳を聞いてみたところ、「情報解禁日時」や「縛り」などが使われるそうです。「縛り」はともかく、「解禁日時」とはどういうことでしょう。プレスリリースの冒頭に **Under embargo until**［日付と時刻］などと書かれているのを、「情報解禁日時［日付と時刻］」などと訳したことから、その表現が対訳として広まったのでしょうか。いずれにせよ、通訳者がそれを見て、「embargo ＝情報解禁」とだけ覚えてしまったら大けがをするかもしれません。

　ただ、冒頭でも触れた通り、業界に特有の表現は、通訳者にとって貴重な財産でもあります。まず、その言葉を「裸にして」本来の意味を理解し、それぞれの文脈に最適な表現を探ることが、語彙力を強化する鍵と言えるでしょう。かつての苦い失敗体験を振り返りながら、そう痛感しています。

覚えておこう！

Embargo
＝ 禁止、制限など

49 **First-In First-Out (FIFO)**

色んな業界で登場

　会議中「ふぁいふぉ?」と楽しげな響きの単語に遭遇したのは、製薬会社の生産本部付き通訳者になって間もないころでした。一瞬固まってしまいましたが、聞こえたまま「ファイフォ?」と言ってみたところ、日本人社員もみんな理解してくれたようなので、そのままやり過ごそうとしました。ところが優しい先輩が寄ってきて「**First-In First-Out** のこと」と教えてくれました。**FIFO** はフィフォ、フィーフォー、エフアイエフオーと発音する人もいるそうです。

　この **First-In First-Out** は「先入れ先出し」と言われ、もともとは製造業や小売業で使われている用語です。在庫管理において、先に入れた部品や商品(古いもの)を先に出すという基本的な手法を意味します。筆者は自宅でバスタオルをたたんで脱衣所の棚に一列に並べているのですが、「洗濯し終えたタオルを列の一番後ろに置き、タオルを使うときは列の一番前から使う」ということを徹底すれば、**FIFO** になっていると言えます。面倒だからといって洗濯したタオルを一番前に置いて、使うときもまた手前のタオルを使ってしまうと、最後に入ったものが最初に出ていくので **LIFO**(**Last-In First-Out**)、つまり「後入れ先出し」になってしまいます。**LIFO** を続けていると、手前のタオル2枚のみがローテーションされることになり、後ろのタオルたちは使用されないまま年月が経過することになります。

　近年 **FIFO** と **LIFO** は IT 業界でも広く使用されています。データ構造のタイプで「キュー」型(順番を待つ人の行列になぞらえている)は、データの格納と取り出しを先入れ先出しで行う **FIFO** です。一方「スタック」型(本や書類を積み上げた形になぞらえている)のデータ構造なら、データの格納と取り出しを後入れ先出しで行う **LIFO** になります。また投資の世界でも、成立日時の古い建玉(ポジション)から順番に決済を行う方式を

FIFO、新しいポジションから決済を行う方式を **LIFO** と言うそうです。

　よく考えると **FIFO** のコンセプトは日常生活にも浸透している、と感じるのは5Sの行き届いた日本に住んでいるからでしょうか。ちなみに5Sとは整理、整頓、清掃、清潔、躾です。製薬会社の社内通訳業務は、本社勤務の日と、地方の工場まで新幹線で通勤する日がありました。工場のオペレーターは女性が多かったのですが、着ぐるみのような全身を覆う防塵衣を着て、黙って作業することが多いためか、やや職人気質なところもあり、通訳がなかなか難しいのです。少しでも親しくなろうと休憩中などさりげなく近くに座っていると、何やらダンナさんの愚痴を言っていました。「チューブのわさびあるやん？ まだ古いほうを全部使い切ってないのに、買っておいた新しいの開けて使ってんねん」とお怒りのご様子。「ファイフォしてほしいですね」と話しかけると、「そうやな」と言って笑ってくれました。その製薬業界や食品業界では **FEFO**（First-Expired First-Out）といって、期限切れが近いものから出すという管理法もあります。

　また面白いことに、われわれが日常的に行っている同時通訳も **FIFO** 式で情報、つまり発話された言語を処理して訳しています。会議やセミナーの参加者に「同時通訳ができるなんてすごいですね」と声をかけられたりしますが、実はある程度意味のわかる言葉のかたまりで、発話された順番に訳し、途中で微調整を行いつつ帳尻を合わせているのです。特に日本語から英語への通訳など、本当は文の最後まで聞かないと、肯定文なのか否定文なのか疑問文なのかもわからないわけです。そこを前後関係などから推測し、トコロテンを出すように意味のかたまりを訳出し、訳出しながらも都度必要に応じて修正を行いつつなんとか格好をつけている、というのが通訳者の実情です。

覚えておこう!

First-In First-Out (FIFO)
= 先入れ先出し

50 Aided awareness

ブランドが気にする指標

　広告業界では、日々さまざまな形の消費者調査を行っています。広告のコンセプトを開発する段階では消費者との **FGI**（**Focus Group Interview**）と呼ばれるグループインタビューや、**One-on-One**（1対1）のインタビューを行なって、消費者のことを深く知ります。広告を制作する企業が外資系の場合、通訳者はインタビュールームの隣にあるバックルームという部屋で通訳することがよくあります。モデレーターや参加者の発言を、その部屋で聞いている英語話者と海外で聞いている外国人に、一言一句同時通訳します。バックルームとインタビュールームは通常マジックミラーで仕切られていて、バックルームからはインタビュールームの様子がよく見えますが、インタビュー参加者からは隣室の人たちは見えません。

　テレビCMをオンエアしたあとに、広告の効果を測定する調査もあります。ある日、調査会社の外国人が、広告代理店のスタッフと広告主向けに結果を報告する会の通訳を担当することになりました。出席者の大半は英語を解するので、クリエイティブスタッフ向けのウィスパリング通訳とのことでした。すでにさまざまな調査の通訳を担当していたので、調査関係ならわかっているから大丈夫、と軽い気持ちで臨みました。

　調査会社の担当者の英語に続けて、「ではまず、テレビCMオンエア1週間後のブランド認知度（**brand awareness**）についてご説明しましょう」とスムーズに通訳を始めました。ところが、次に担当者の口から出てきたのは The aided awareness was pretty high, but unaided awareness, unfortunately was low. という説明でした。**Awareness** は認知度だとして、**aided** とか **unaided** とは一体どういう意味なのかよくわかりません。仕方なく、「**aided** の認知度は高かったけれど、**unaided** は残念ながら低かったです」と訳したものの、クリエイティブスタッフは全

然わからないという顔をしています。困っていると、遠くの席で誰かが「じょせいは高かったんだ」とささやいています。じょせいと言われても男女別の話はしていないのにと思いましたが、「あ、高かったのはじょせいのほうです」と付け加えてみたところうなずくスタッフもいたので、**aided**はじょせい、だとすると**unaided**は非じょせいかな、と思いました。

　このタイミングで会議の参加者が勝手にバラバラとしゃべり始めたので通訳は中断。この隙に間違いを正そうと、「非じょせいは低かったそうです」と言いましたが、スタッフの一人に「非じょせいって、純粋想起のこと?」と聞かれてしまいました。純粋想起という言葉は知らなかったのでとまどっていると、その人がサッと手を挙げて、「純粋想起は低かったんですね?」と発言したので、通訳者としては仕方なく直訳的に **Well, the pure recall was low, right?** と言ってみました。すると先方が理解してくれて、**You mean unaided awareness? Yes!** と言ってくれました。ここで初めて、**unaided awareness** は純粋想起と言うのだ、とわかったのです。この時はなんとも綱渡りの通訳になってしまいました。

　あとでわかったことですが、「じょせい」はもちろん女性ではなく助成であり、**aided awareness** は助成想起を指します。例えばオンエアしたコマーシャルがミネラルウォーターのコマーシャルだったとしましょう。調査のとき、「ご存知のミネラルウォーターのブランドを教えてください」と尋ねてそのブランドを答えられたら、それが純粋想起 **unaided awareness** です。一方、ブランド一覧を見せて、「この中にご存知のものはありますか?」と尋ねて、その中から当該ブランドを答えられたら、それは助成想起 **aided awareness** となります。自分たちの商品をピンポイントで買ってもらいたい企業としては、助成想起ではなく、純粋想起が重要なのは、いま思えば当然のことですね。

覚えておこう!

Aided awareness
＝ 助成想起。Unaided awareness は純粋想起

51 **Materiel**

似て非なるもの

　ある国の軍事組織が、別の国の軍事組織と海外で共同演習を行うことになりました。相当数の人員や物資を移動させる必要がありますが、それ自体が訓練になるため、民間の輸送手段は使いません。自前の車両や船、航空機に、武器、通信機器、食料などの物品を積んで移動します。こうした、軍事に必要な物資（軍需品）のことを、英語では **materiel** と呼びます。

　この言葉がどんな現場で出てきたのか。機密事項が多い会議でしたので、詳しいことは言えませんが、ここでは便宜的に「A 国から B 国への移動にあたっては、人員及び軍需品の輸送に関し、その位置を常に特定することが重要である」との話だったとします。話し合いの中で、軍需品を指す言葉として英語で使われたのが **materiel** でした。最初、よく似たスペルの **material** だと聞き間違え、文脈にあわせて「物資」と訳しました。でも何度か繰り返されるうちに、アクセントが違うことに気づき、嫌な予感がして慌てて電子辞書を引くと、**materiel** という単語が出てきました。フランス語の **matériel**（名詞では主に機材や設備といった意味）に由来する、れっきとした別の単語でした。

　フランス語の場合、**matériel de guerre** と「戦争の」との形容詞をつけてはじめて軍需品を指すそうですが、英語では、**materiel** だけで軍需品を指すとのこと。知っていれば「軍需品」と訳せたのに、と悔しい思いをしました。

　この二つの言葉、アクセントの位置が変わるだけで、発音はほとんど変わりません。英語を母語とする人たちの間でも、発音やイントネーションが異なることはしょっちゅうなので、「少しなまっているだけかな？」と思い込んでしまうと、この二つの違いには気づけません。この経験をしてから、少しでも疑問に思ったらまず調べよう、と肝に命じました。

　ちなみに、軍事用語の中には、一般的な用法とは異なるものがたくさんあ

ります。例えば部隊の編成。陸上自衛隊であれば、師団、旅団、連隊、大隊、中隊、小隊の順に小さくなります。この中で一番大きな「師団」を表す英語は **division**、それより数段階小さい「中隊」を表す英語が **company** です。企業であれば、**company** の中に **department** や **division** という小さい単位がある、というのが一般的かと思います。

　また、**captain** という言葉が、所属によって異なる階級を指すことも意外と知られていません。陸上自衛隊では **captain** は1等陸尉（海外の陸軍の場合は「大尉」）を指しますが、海上自衛隊では1等海佐（海軍の場合は「大佐」）と、実に3ランクも上になります。**I am Captain Suzuki.** と自己紹介している場合、陸上自衛官なら「鈴木1尉（いちい）」だし、海上自衛官なら「鈴木1佐（いっさ）」と訳さなければ失礼にあたります。もちろん、制服の肩や袖の階級章でも階級はわかりますが、間髪入れずに出せるようになるには、意識的に覚えて、慣れておく必要があります。

　ちなみに、なぜ陸上自衛隊と海上自衛隊では違う階級に同じ呼称が使われているかという理由ですが、これは作戦で部隊や艦艇を運用する際の基本となる単位の指揮官が **captain** で、陸軍や陸上自衛隊では中隊長、海軍や海上自衛隊では艦長にあたるためだそうです。

　また、軍の士官や将校を表す口語的な集合名詞に、**the brass** があります。一般的には真鍮を意味し、吹奏楽団をブラスバンドと呼びます。英米などで士官や将校が **the brass** と呼ばれるのは、士官の階級章が金や銀の真鍮製なのに対し、下士官は刺繍のワッペンだから。軍事の文脈で **the brass** が出てきたら、真鍮でも金管楽器でもなく、士官を指します。

　このように、軍事用語はとても奥が深いので、いろいろ調べると面白いと思います。皆さんが学習意欲を失うといけないので、せっかく覚えた **materiel** とあれ以来再会したかどうかは、内緒にしておきます。

覚えておこう！

Materiel
= 軍需品。Material（材料、原料）ではない

52 **Turnkey project**

鍵を回しただけで……

　顧客企業でシステム導入プロジェクトの通訳をしていたときのことです。全体ミーティング終了後、部門ごとに分かれてミーティングをしていました。筆者は担当の打ち合わせがなく、自席で翻訳などをしていましたが、ミーティングは近くで行われていたので、声は聞こえていました。

　「これは短期プロジェクトで……」。顧客企業のマネージャーが説明をしています。それを担当のインド人コンサルタントに通訳し、コンサルタントが要望を聞いて、構築中のシステムに反映させるのです。そのときは日本側からサポートをしていたバイリンガルのシステム開発者が通訳に入っていました。

　聞いていると、「短期」との言葉が妙に強調されています。音としては「この『たんきぃ』プロジェクトでは」のように聞こえます。英語ではそのまま **short term project** と訳しているようでした。しかしそのプロジェクトは、実際にはかなりの期間を要するもの。同じ疑問を持った様子のシステム開発者が「短期プロジェクトではないのですか?」と確認し、ようやく **turnkey project**(ターンキー・プロジェクト)であると判明しました。

　Turnkey 方式とは、工場などの建設にあたり、用地の整備、建設、設備の据え付け、試運転までの一連の業務を一括して受注者が引き受ける方式のことで、「一括請負方式」ともいわれます。鍵を回すだけで操業できる状態で発注者が引き渡しを受けるところから、この名称が生まれました。近年では類似の概念として、「**EPC**(**Engineering, Procurement, Construction**)契約」という呼称も用いられています。

　Turnkey project は、この **turnkey** 方式で行われるプロジェクトのこと。主に建設業界で使われ、複数の主要設備を、包括的な契約のもとで構築するプロジェクト一式を指します。発電所や化学工場などのプラントに多く用いられています。開発途上国などへのプラント輸出では、発注

側に設備を構築、運用するノウハウを持った人材が不足している場合が多いため、受注した企業がプラントの構築のみならず、運用も含めて一括受注する場合が多いのです。**Turnkey** という言葉から、一から十まで受注者が準備をして、完成時に発注者に鍵を渡し、発注者はその鍵を回すだけで設備が稼働する場面が鮮やかに目に浮かびます。

あとで「**turnkey project**って知っていますか?」とそのマネージャーに聞かれました。「鍵を回すだけで使えるようにして渡すプロジェクトのことですね」と答えると、会議で聞き取れなかったシステム開発者に「何で知っているんですか?」と驚かれました。明確に記憶していたわけではありませんでしたが、どこかで聞いたことがあった言葉でした。大学卒業後、総合メーカーで翻訳や海外事業管理をしていましたが、そのころに、プラント輸出の話などで耳にしたことがあったのだと思います。**Turnkey** という印象的な言葉が頭の隅に残っていたのでしょう。まったく関係がないと思われたことが、意外なところで結びつくことを実感し、これまでの経験は一つも無駄になることはないのだと思いました。

「傍目八目」という言葉がありますが、自分が通訳をしていなければ、はるかに冷静な判断ができるものです。いったん通訳を始めると、聞いて、理解して、メモを取って、別の言語に訳して、と多くのタスクで頭がいっぱいになってしまいます。このフレーズはたまたま知っていましたが、もし自分が担当だったら、落ち着いて訳せたかどうかわかりません。

通訳現場には、日本語も英語も話せる参加者がいることがよくあります。内容を熟知している分、通訳者の訳出がまどろっこしく聞こえることもあるようです。でも、ただ聞いているのと、訳すのでは負荷が大違い。困っている通訳者を見かけたら、ぜひ優しく接してあげてください。

覚えておこう!

Turnkey project
= ターンキー・プロジェクト、設備一括請負プロジェクト

53 **Direct debit**

英国暮らしで気づいた間違い

　海外の銀行の取引明細に **debit** と書いてあったら、日本の預金通帳の「お支払金額」のことです。口座の持ち主がお金を引き出したり、送金したりすると、そこに金額が記載されます。

　Debit の中でも、公共料金やクレジットカードの利用額などの「自動引き落とし（自動口座振替）」を英語で **direct debit** と言います。請求元が、事前に利用者の了承を得て、請求金額を「直接」利用者の口座から「引き落とす」ことができるため、そう呼ばれています。

　10年以上経ったいまだから白状しますが、かつて、システム開発の会議で、英語で **direct debit** と言われたら「ダイレクト・デビット」、日本語で「自動引き落とし」と言われたら **automatic withdrawal** と、まるで別のもののように訳したことがありました。

　間違いに気がついたのは、何ヵ月も経ったあと、家庭の事情で移り住んだイギリスでのことでした。新規に口座を開設しようと、銀行の窓口で手続きをしていたとき、公共料金の自動引き落としを設定する段階で、**direct debit** という言葉が出てきました。この時に初めて、このフレーズと、その本当の意味が結びついたのです。

　海外で暮らした経験はあったものの、自分で銀行口座を作るのは初めてだったため、イギリスでの口座開設手続きは驚きの連続でした。そもそも、日本の「普通預金」にあたるものが存在しないのです。イギリスでは、**current account**（以下 **CA**）と **savings account**（以下 **SA**）という2種類の口座をセットで持って使い分けるのが一般的です。**CA** は現金が必要なときにすぐ引き出せますが、利息がほとんどつきません。一方、**SA** は、利率が少し高い代わりに、ATM で引き出すことができません。**SA** はあくまでも利息を得るための口座で、日々の生活資金は **CA** に入れておきます。**CA** の残高が減ってきたら、**SA** から資金を移動し、**CA** の残高

を増やす、という使い方です。

CAは日本語では「当座預金口座」と訳されます。当座預金の「手形や小切手の受払いを行う無利子の預金」という性質が**CA**と似ていたからでしょう。しかし、日本の当座預金口座のように企業や事業主向けではありません。デビットカードを使えばATMで現金を引き出せるため、日本の普通預金口座からキャッシュカードでお金を引き出すのと同じ感覚です。

日本以外の国で銀行口座を開いてみて、初めて気づいたことはほかにもありました。例えば、当時はまだ個人のお金のやり取りは小切手が主流。日本で小切手というと、一般人には縁のないもののように感じますね。自分の「当たり前」が、相手の「当たり前」とは限らないわけです。

制度やサービスが違うので、言葉から言葉に変換するだけでは、時として伝言ゲームになってしまいます。銀行口座という、生活に欠かせないものに関連する言葉ですら、これだけの違いがあるのですから、日ごろから違いを前提にしておくことが重要です。すべての物事を実体験することはできませんが、異文化を橋渡しする通訳者には、特にこのような心構えを持つことが求められています。

約10年後、日本に戻って、別の金融機関でシステム開発の通訳をしました。英語の堪能な日本人の金融機関社員とインド人の開発者が相談して英訳を決めており、普通預金口座は**CASA**（カーサ）と呼ばれていました。**Current Account Savings Account**の略です。その名の通り、イギリスの**CA**と**SA**両方の性質をあわせ持っています。資金をすぐ引き出せる代わりに、**SA**や定期預金よりは利率は低く、とはいっても、多少の利息はつきます。特にインドや東南アジア諸国で普及している口座形態だそうですが、日本の普通預金とそっくり。違いだけでなく、共通点を見つけるのも、この仕事の醍醐味です。

覚えておこう！

Direct debit
= 自動引き落とし（自動口座振替ともいう）

54 **Centripetal force**

「人をひきつける力」とは別物

　日本企業のグルーバル化に伴い、英語のできる社員の数は、徐々にではあるものの確実に増えてきているようです。通訳者として派遣された現場でも、「困ったらお願いするから」と言われて、結局一言も話さずに座ったまま、ということも少なくありません。「通訳をしなくてもいいならラッキーでは？」と思われがちですが、いつ質問が飛んでくるかわからない緊張感の中、ずっと会議を聞いているのも楽ではありません。

　流暢に英語を話せる担当者が「困る」場面は、通訳者にとっても一筋縄ではいかないことがほとんど。ある時など、外国メディアの取材を受けていた地方自治体の担当者が、急に振り返って「『街コン』って英語でなんて言うの？」と聞いてきたので、一瞬返答に困ったことがありました。その時は matchmaking party organized by the community と、可もなく不可もなくの訳をした記憶があります。皆さん、通訳者は「歩く辞書」ではありませんので、前触れなく急に言葉を投げるのはやめましょう。

　さて、表題のフレーズが出てきたのは、とある商談の最中のこと。語学堪能な日本人が、英語で自社のサービスを説明しています。淀みのない解説ぶりに、感心しながら聞いていたのですが、相手の外国人が突如、「御社のサービスが素晴らしいのは知っている。でも、経営陣のコンピテンスにはいささか疑問が残る」と発言して、状況が一変しました。

　事前に用意した説明の途中で腰を折られた日本人担当者は、いきなり突きつけられた経営幹部への疑念にあたふたしています。すぐに反論せねばと、頭をフル回転させた結果、思いついたフレーズがあったのでしょう。後ろの席に座り、「今日は出番がなさそう……」と弛緩していた筆者に向き直って尋ねました。「『求心力がある』って英語でなんて言うんですか？」

　やりとりは聞いていたので、何を言いたいのかは想像できました。おそらく「弊社の経営陣は非常に求心力があり……」という趣旨の説明をした

かったのでしょう。ただ、こうした文脈における日本語の「求心力」は、いろんな訳し方が可能です。例えば、求心力が「リーダーとしての指導力」を指すなら **leadership** と訳すこともできますし、「魅力的である」という意味合いが強いなら、**power to attract people** という訳もありえます。「組織をまとめあげる力」という意味を強調した **unifying force** という辞書訳も存在します（経済ビジネス英語表現辞典より）。

　クライアント企業の経営陣について滅多なことは言えませんので、通訳者としても、発言者の意図を確実に把握する必要があります。ただ、それまでまったく別の話をしており、ヒントは皆無です。どうしようかと逡巡していると、担当者は痺れを切らした様子で、「もういいです」と前を向いてしまいました。その後は、求心力には言及せずに、経営が盤石であることを延々と力説。この会社から筆者にお声がかかることは二度とありませんでした。

　辞書で「求心力」と引いて最初に出てくる英語はおそらく **centripetal force** でしょう。**Centripetal force** は、確かに求心力を意味しますが、その中心的な意味は、物理でいうところの「物体が円運動を行うとき、円の中心に向かって物体に働く力」です。日本語で「求心力」というときは、「他人をひきつけ、その人を中心にやっていこうとさせる力」を指すことがほとんどですから、その場合は、**centripetal force** ではピンとこないわけです。

　通訳者が沈黙した理由を、発言者が理解すべきだったとまでは言いませんが、通訳は「辞書に書いてある訳を出せれば OK」という仕事ではありません。繰り返しになりますが、通訳者は「歩く辞書」ではないことを理解していただけるとうれしいです。

覚えておこう！

Centripetal force
＝（主に物理用語としての）求心力、向心力

対義語の「遠心力」は centrifugal force。遠心分離機（centrifuge）もよく出る。

難攻不落

物語から
生まれた言葉

「蛇足」や「矛盾」といった、中国由来の故事成語は日本でもおなじみです。英語のフレーズや単語にも、歴史上の出来事や物語から生まれたものがたくさんあります。英語圏のもののみならず、古代ローマの言い伝えから子ども向けの童話まで、その出典はさまざまです。背景にある物語を理解することで、意味が明確になり、記憶にも定着する。そんな、一石二鳥のフレーズを集めました。

55 **Breadcrumb**

IT と童話の意外な接点

　毎回異なるお客様のところにうかがい、異なるトピックについて通訳を行うフリーランス会議通訳者は、会議の内容については蚊帳の外の存在です。そのハンデを補うために、事前に可能な限り資料を取り寄せ、出てくる可能性がある情報をインターネットなどで調べておき、あたかも会議の内容を知り尽くしているかのように、訳すことが求められます。

　通訳者ではなくても、例えば転職や異動をした場合に、似た状況になることが多いと思います。自分だけ背景知識がない環境で、ほかの人たちの発言をもとに、いままでの話の流れを推測しながら、何とかついていく状況です。通訳者にとっては、これが日常茶飯事であり、仕事の一部です。大変ですが、こうしていろいろな分野の話が聞けることを「新鮮で面白い」「大変だけど楽しい」と思っている通訳者は少なくありません。

　最近は自動翻訳技術の進化がよく話題になっています。人間の通訳者も、もちろん基本的には聞こえてくる単語を追って訳していきます。ただ、英語と日本語の同時通訳の場合、語順が違うため、次に何がくるのかを文脈から推測する能力も非常に重要です。私たちはエスパーではないので、外してしまってまた戻って言い直す、ということも当然あります。そうしたやり直しがきくのも、それまでの文脈に沿ってうまい言い回しをしたり、補足説明ができたりするのも、人間の通訳者の強みだと思います。知らない単語が出てきても、ほかの単語や文脈がわかっていれば、人間はわからない部分の意味を推測することもできます。これは外国語を勉強している人全員に共通することでしょう。

　しかし、「この話の流れでなぜその単語が?」という場面に出くわすことも、通訳者にはよくあります。正直、とても焦ります。あるウェブサイト開発についての会議で同時通訳をしていたとき、**breadcrumb** という単語が出てきました。単語は知っていましたが、パンを食べているときにテー

ブルに落ちてしまうパンくずしか頭に浮かんできません。「何かのシステム名かしら、それにしても奇妙な名前だなあ」と戸惑いながらも、カタカナで「ブレッドクラム」と訳出してその場をやり過ごしました。

　会議後に調べてみたところ、**breadcrumb** は固有名詞ではなく、ユーザーがウェブサイト上で、自分がいまどのページにいるのかを、わかりやすく表示した部分のことでした。日本語では「パンくずリスト」と呼ばれます。例えばオンラインショッピングサイトでの「ファッション＞レディース＞アウター＞コート」という表示のことです。簡単に上の階層に戻れるようになっているわけです。

　では、なぜこれを「パンくず」と言うのでしょうか。調べてみたところ、グリム童話の『ヘンゼルとグレーテル』が、迷子にならないように置いていったパンくずに由来するとのことでした。現在地までにたどってきた道筋を示すこの機能は、確かに童話に出てくるパンくずと役割がそっくりですよね。

　このように、物語が由来になっている言い回しはほかにもあります。日常会話で出てくる例としては、「負け惜しみ」という意味で **sour grapes** という表現があります。これもイソップの有名な『キツネとブドウ』という寓話からきています。ブドウに手が届かず取れなかったキツネが「きっとあのブドウはすっぱくておいしくないブドウだろう」と負け惜しみを言う、という話です。また、日本でもおなじみの『オオカミ少年』もイソップ寓話が出典です。英語のタイトルは ***The Boy Who Cried Wolf***（オオカミと叫んだ男の子）ですが、**Don't cry wolf.**（嘘の情報を広めるな）、**They're crying wolf.**（彼らの言っていることを信じるな）のように使います。いずれも、元の話を知らなければ、きょとんとしてしまいそうです。この機会にあわせて覚えてみてはいかがでしょうか。

覚えておこう！

Breadcrumb
＝ ウェブサイトの「パンくずリスト」

⁵⁶ What's in a name?

桜の名前が桜でなくても

　簡単な単語ばかりの短い文ですが、ネイティブに一瞬で言われると、文脈にぴったりの訳出はそう簡単にはいきません。このフレーズが出てきたのはある会社の社内取締役会議です。文字ばかりのスライドを前に、日本人の担当者が汗をひたいに一生懸命に発表。その時に、英語圏ネイティブの上司から発せられたのがこのフレーズでした。

　リスニングが苦手な人だと、**what** と **name** しか聞き取れないかもしれませんが、ここで文法の知識が役立ちます。もし「名前はなんですか?」であれば、**name** の前に **your** などがついて **your name** になるか、あるいは **the** がついて **the name** になるからです。**Name** の前が **a** だったので、単純にこれまで出てきた何かの名前を聞いているのではないぞ、と気づくことができます。

　そのまま訳すと「名前の中に何があるのか」「名前にどんな意味があるのか」。間違いではありませんが、話者の意図はもっとシニカルなものです。言いたかったのは、名前なんて関係ない、ようは「重要なのは中身でしょう」という意味合いでした。

　英語の本をよく読む人なら知っているかもしれません。これは、シェイクスピアの代表的な戯曲の一つである『ロミオとジュリエット』の中で、悲劇の主人公ジュリエットが恋人のロミオに対して語りかけるせりふです。

　その場面を少し紹介しましょう。ロミオの名前はロミオ・モンタギュー。イタリアの名門一家の跡取り息子です。彼は、キャピュレット家のジュリエットと恋に落ちますが、お互いの家の対立により一緒になることはかなわない。そんな状況をジュリエットは「ああ、ロミオ、ロミオ、どうしてあなたはロミオなの」と嘆くわけですが、このせりふには続きがあります。

What's Montague? It is nor hand, nor foot,

Nor arm, nor face, nor any other part

Belonging to a man. O, be some other name!

What's in a name? That which we call a rose

By any other word would smell as sweet.

モンタギュー──それが、どうしたというの？ 手でもなければ、足でも
ない、腕でもなければ、顔でもない、他のどんな部分でもないわ。あ
あ、何か他の名前をお付けになって。

名前にどんな意味があるというの？ バラという花にどんな名前をつけよ
うとも、その香りに変わりはないはずよ。

（中野好夫訳『ロミオとジュリエット』より）

　このシーンのせりふを英語で知っていれば、上司が言いたかったことも
容易に想像できるでしょう。名前よりも中身が重要なとき、ネイティブはこ
の表現をよく使います。

　ジュリエットはバラを例に出しましたが、日本風に言うと桜でしょうか。
桜に桜という名前がなくても、卒業や入学、出会いと別れの代名詞であ
る桜の持つ多面的な意味は変わらないですよね。

　少し本題とは外れますが、国や地域が変わると例示するものも変わっ
てきます。ジュリエットの頭にバラが浮かんだのは、彼女にとってバラが
身近だったからでしょう。筆者はワイン関係の通訳の仕事をすることが多
いのですが、香りを表す表現をみるとまさにそうです。バラ、牡丹、蜂
蜜、レモン、桃、ライチ、バニラ、チョコレート、これらはすべてワインの
香りを表すときによく使われる表現です。日本でもワインが人気になって
きたので、日本らしい香りの表現も見かけるようになってきました。びわ、
金柑、漬物、綿飴などです。こうした表現から他国の文化を知るのもま
た、語学学習の楽しみです。

覚えておこう！

What's in a name?
= 名前よりも中身が重要

⁵⁷ **Elephant in the room**

象さんがなぜか部屋に

　動物を使った英語の慣用句には、**eat like a horse**（大食い）や **kill two birds with one stone**（一石二鳥）のように聞くとすぐにイメージがわいたり、すでに似た表現が日本語にもあったりするものも少なくありません。一方、**dog days**（真夏、盛夏）や **cash cow**（金のなる木）のように、あらかじめ知っていないと瞬間的に通訳をするのが難しい表現もあります。この **elephant in the room** は、まさにそんな一例です。

　その日の通訳現場は、アメリカの商業不動産会社での会議でした。この会社は、不況で倒産しかけていた日本企業を吸収合併していたのですが、労使関係でもめていました。アメリカ本社はコスト削減のために従業員のリストラを計画し、日本企業側はその計画に反対。そこで日本企業の代表者数人と弁護士がアメリカ本社に出向き、話し合いを持つことになったのです。

　会議の日はちょうどクリスマス休暇前だったので、クリスマスプレゼントや休暇の過ごし方などの話題で、和やかに会議がスタートしました。しばらくして会話が一段落すると、会議の進行係をしていたアメリカ人マネージャーが、**Well, shall we talk about the elephant in the room?** と切り出しました。その場の雰囲気から、これから本題に入るのは予想がつきました。でも「部屋の中にいる象」って一体？　一瞬間が空きましたが、とりあえず「では、大切な話をしましょうか」と訳出しました。おそらく、「象」→「大きい」→「重要」のような思考経路だったのでしょう。

　あとで詳しく調べてみると、この思考自体は完全に的外れではなかったものの、さらに深い意味があることがわかりました。象は現存する陸上哺乳類の中で最大の動物です。もし象のように大きな動物が部屋の中にいれば、気がつかない人はいません。この慣用句の **elephant** は「触れたくない話題」を比喩的に表現していて、誰もがその問題を知っている、

または気づいているにもかかわらず、口にすることがはばかられるタブーな問題という意味だったのです。

会議の出席者はクリスマスの話をしている最中も、おそらく誰もがリストラ計画のことを頭の中では考えていたに違いありません。でも、決して簡単に解決できる問題ではない上に、できれば避けて通りたいようなセンシティブな問題だったのでしょう。誰もすぐにこの話題の口火を切ろうとしないので、アメリカ人マネージャーが **elephant in the room** という表現を使い、「では、皆さんの気になっている例の話題に入りましょうか」と少し持って回った言い方をしたのだと改めて理解しました。

この慣用句の語源ははっきりしていません。諸説あるようですが、最も古い説は、ロシア人作家、イヴァン・クルィロフが1814年に書いた寓話、***The Inquisitive Man*** に由来するというものです。ある男が博物館に行き、さまざまな動物や昆虫の展示物を詳しく見て回ります。ところがそこに展示されていた大きな象の展示にはまったく気づかなかったという話です。その後、ほかの小説や物語、ミュージカルにも広まり、新聞や広告などのメディア媒体でも広く使われるようになったようです。

Elephant を使った英語の慣用句はほかにもあります。例えば、**see the elephant** は、インドやアフリカに生息する象を見ることは珍しい経験だった時代に生まれた言葉で、「人生経験を積む」という意味で使われています。このような、聞いた瞬間にイメージがわきにくい英語の慣用句や表現は、その語源や成り立ちの背景を調べておくと覚えやすくなります。同じく象が出てくる慣用句には **see pink elephants**（酒に酔う、幻覚を見る）や、**a white elephant**（無用の長物、やっかいなもの）などもありますので、ぜひこの機会に由来を調べてみてください。

覚えておこう！

Elephant in the room
＝ 触れてはいけない問題、気まずい話題

Elephant in the living room も同じ意味で使われることがある。

Eureka moment

アルキメデスの教え

　英語には多くの外国語由来の言葉が含まれています。スペイン語の**macho**（マッチョ）やフランス語の**déjà vu**（デジャヴ）、日本語の**tsunami**（津波）や**kawaii**（カワイイ）など数限りなくあります。日本語にもロシア語由来の「イクラ」やスペイン語・ポルトガル語由来の「タバコ」などがありますよね。この**eureka**（ユーレカ／ユーリカ）という言葉も英語にとっては外来語で、**heureka**（ヘウレーカ）という古代ギリシャ語が語源です。

　あるアメリカ企業で、日本支社の従業員を対象にしたシステム研修会の通訳をしたときの話です。まだ駆け出し通訳者でしたが、事前に十分すぎるほど資料をいただき、万全の準備で臨んだため、スムーズに通訳を行っていました。ところが、トレーナーが少し難しい内容を従業員に説明したあと、いきなり**You will eventually have your own eureka moment.**と言うではないですか。「何の**moment**?」と脳内の引き出しを片っ端から開けてみましたが**eureka**は出てきませんでした。その場は仕方なく**eventually**をヒントに「そのうちできるようになりますよ」とごまかし、あとになってから調べてみたところ、思ったより深い意味があることを知り驚きました。

　先ほど述べたように、**eureka**は古代ギリシャ語の**heureka**が語源です。この言葉自体は「見つけた」または「わかった」という意味ですが、**eureka moment**は「いままで理解できなかったことが突然わかった瞬間」のことを指すのだそうです。ほかに**eureka effect**や**aha moment**も同じ意味として使うことができます。日本語に訳すと「ひらめいた瞬間」「ピンときた瞬間」といったところでしょうか。そしてこの言葉の由来は、古代ギリシャの数学者であり科学者でもある、アルキメデスのあるエピソードに基づいているというのです。

エピソードはこうです。古代シチリア・シラクサの王、ヒエロン２世が、金細工職人に金塊を渡し、王冠を作らせることにしました。ところが王は、金細工職人が銀を混ぜて王冠を作り、余った金を盗んだのではないかと疑います。金よりも軽く密度の低い銀が混入されていれば、王冠の重量は一緒でも、体積は元の金塊よりも大きくなるはずです。でもそれを調べるには、王冠をいったん溶かす必要があります。

そこで王はアルキメデスを呼び、王冠を壊したり溶かしたりせずに体積を測るように命じます。アルキメデスはこの難問に何日も悩み、ある日風呂に入ります。浴槽に浸かり、お湯が縁からあふれ出すのを見て、**Heureka! Heureka!**（「見つけた！見つけた！」）と叫び、裸のまま町中を走り回ったといいます。浴槽からあふれ出たお湯の量を測れば、自分の体の体積が測れることに気づいたからです。

これが有名な物理学の法則、アルキメデスの原理が発見された瞬間でした。アルキメデスがこの方法で王冠の体積を測ると、王が疑った通り、銀が混入されていました。ちなみにアルキメデスの原理の定義は、「流体の中で静止している物体は、それが押しのけた流体の重さだけ軽くなる。すなわち浮力を受ける」で、水中で体が浮力を受けて軽くなることが説明できる原理だったんですね。

通訳の仕事は生きた言葉を扱うため、思いがけないトピックや言葉が飛び出すことがよくあります。常日ごろからアンテナを張り、幅広い知識を蓄える必要があります。アルキメデスのおかげで、言葉だけでなく物理にも詳しくなり、一石二鳥の経験となりました。

覚えておこう*!*

Eureka moment
＝ 突然ひらめいた瞬間

アメリカでは州ごとにモットー（標語）があり、カルフォルニア州の場合、1963年に州議会で承認された正式なモットーが**Eureka!**。19世紀にカルフォルニア州で金が発見されたことにちなんでいるようで、**Eureka**というゴールドラッシュの時代に栄えた町もある。

59 Burn (one's) bridges

古代ローマの戦術から

Burn (one's) bridges という慣用句。直訳すると「(〜の) 橋を燃やす」となりますが、その具体的なイメージから意味が想像できるでしょうか。**Burn your bridges behind you** のように、**behind** を伴うことも多いのですが、このほうが少しわかりやすいでしょうか。後ろにある橋、つまり渡ってきた橋を燃やすことから転じて、逃げ場のない絶体絶命の立場や状態に身をおくという意味なのです。この意味を基本として、あとは文脈に合わせて「一歩も引けない状況の中で全力を尽くす」「取り返しのつかない事態になる」「退路を断つ」「過去を断ち切る」「縁を切る」「背水の陣を敷く」などとさまざまな訳出が可能です。

多文化共生に関するワークショップで通訳したときのこと。担当したスピーカーは、無意識の差別・偏見について熱く語り、「当事者と他者の間でもっと対話が必要だ」と主張。続けて、**...because you don't want to burn down the bridges.** と発言しました。橋を燃やしたくないとは一体どういうことだろう? と頭の中で思いを巡らせながら、前後の脈絡から「お互いの一層の歩み寄りが必要です」と言って切り抜けました。

ワークショップ終了後に確認したところ、**burn (one's) bridges** とは、「橋を燃やしてしまうことによって元に引き返せなくなる、相手とのつながりが絶たれる」という意味であり、今回の場合は、「相手との関係を台無しにして、修復できないような面倒な事態を起こす」というニュアンスであることがわかりました。

後日、**burn (one's) bridges** の由来を調べたところ、なんと古代ローマ時代にさかのぼることがわかりました。古代ローマの将軍が、敵地に攻め入った際、味方の兵士が橋を渡り切った直後に橋を焼き尽くすよう命令した、という故事が基になっています。橋を燃やすことにより味方軍の退路を断ち、絶体絶命の窮地に置くことで、強制的に兵士の士気を高め

る効果を狙ったのです。まさにこれが、「背水の陣を敷く」「二度と引き返せない状況を作る」と訳されるようになったゆえんです。

また、この戦術では、軍隊への物資供給が絶たれ、負の影響も大きかったことから、今日では、本来の意味に加えて、ほかの面倒な事態を引き起こすという意味も含むようになりました。

現在では、特に人間関係について、否定形を伴って **Don't burn your bridges.**（関係を壊して、取り返しのつかない状況を作ってはいけない）のように使われているのをよく耳にします。人間は将来どこでどうつながるかわからないから、橋は燃やさずに、いつでも行き来できるように残しておきなさい、という意味です。ビジネスの場面でも、会社を辞めて転職する際、最後に言いたいことを言って辞めるのではなく、円満退職を目指しましょう、というのが良い例ですね。

ほかにも、**bridge** を使った有名な慣用句にはこんなものがあります。**Cross that bridge when one comes to it** は、その時が来たらやれば良い、その時はその時だという意味です。例えば、**Let's cross that bridge when we come to it.**（そんな取り越し苦労はやめよう）のように使います。**Water under the bridge** というのもあります。過ぎ去ってしまったこと、いまさらどうしようもないことを意味します。用法としては、**It's all water under the bridge now.**（すべて過ぎたことだ）のような感じです。

このように、言葉の由来を調べ、イメージをしっかりと理解すれば、文脈によって適切に訳し分けられるようになります。時には、古代ローマにまで言葉の由来をさかのぼって思いを馳せるのは、通訳者ならではの楽しみです。

覚えておこう！

Burn (one's) bridges
= 元の状態に戻れなくすること、人間関係を壊してしまうこと

同じ意味で、**burn one's boats**（乗ってきた船を燃やす）という表現もある。

60 It will be like Humpty Dumpty

ことの顛末

　『きらきら星』は、世界中の子どもがメロディーを口ずさむことのできる有名な童謡です。ほかにも『幸せなら手をたたこう』や『ゆかいな牧場』など、国や地域を超えて親しまれている童謡は数多くあります。

　いきなり脱線しますが、『ゆかいな牧場』はもともとアメリカの童謡で、原題は **Old MacDonald Had a Farm** です。日本語では「いちろうさんの牧場で〜」という歌詞に始まり「ろくろうさんの牧場」で締めくくられますが、本来の所有者は「いちろうさん」でも「ろくろうさん」でもなく、「マクドナルド爺さん」であることはせっかくなので覚えておいてください。

　通訳者、ましてや、各国の代表が集まる国際会議などのシリアスな場を主戦場とする会議通訳者の世界で、なぜ童謡の知識が必要なのか、と不思議に思われたかもしれません。しかし、想定外のことがつきまとうのがわれわれの商売。いきなり『きらきら星』が出てきても、涼しい顔で **Twinkle Twinkle Little Star** と訳せなければ務まりません。

　童謡のタイトル程度であればまだなんとかなるのですが、童謡、昔話、聖書やギリシャ神話に登場するキャラクターになぞらえて話し手が持論を繰り広げるとなると話は変わってきます。もちろん、ビシッと訳せたらかっこいいので、アドレナリン全開になる通訳者も中にはいます。

　さて本題。タイトルに掲げた **It will be like Humpty Dumpty** が登場したのは、とあるメーカーの会議でした。手のひらサイズの試作品をめぐり、日本人社員と海外支社の外国人社員が話をしていたところ、試作品を落とすそぶりを見せて外国人社員が言いました。**Can you imagine? If I drop this on the floor, it will be like Humpty Dumpty.**

　発言の前半はともかく、難しいのは後半部分です。**Humpty Dumpty** と聞いて、それがマザー・グースの童謡（主にイギリスやアメリカの英語による伝承童謡の総称）の一つであるということはすぐにわかりました。悩

んだのは、それが果たして日本でも童謡として親しまれているのかどう
か、という点です。さらに、なぜこの社員はいま **Humpty Dumpty** を引
用したのか。あれこれ考えている暇はありません。結局、「想像してみて
ください。これを床に落としたら、海外の童謡に出てくるハンプティダン
プティみたいになってしまいます」と長ったらしい直訳でその場はしのぎ
ました。「海外の童謡に出てくる」と加えたのは苦肉の策、聞き手に対して
のせめてもの気遣いのつもりでした。

　この童謡の歌詞は知っていたので、休憩時間に口ずさんでみました。

Humpty Dumpty sat on a wall, Humpty Dumpty had a great
fall, all the King's horses and all the King's men, couldn't
put Humpty together again.

　ストーリーとしては、壁に座っていた卵男のハンプティダンプティが壁
から落ちて割れてしまい、王様の家来や馬が総出でかかっても元通りに
することはできなかった、という悲しいお話です。

　しばらく考えて、腑に落ちました。なるほど、外国人社員が伝えようと
していたのは、「試作品は脆いので、床に落としてしまったら壊れて元通
りにならない」ということだったのです！ これを伝えたくてわざわざ
Humpty Dumpty を引用していたとは。ポイントは「元通りにはならない」
ということですが、この例に限っていえば、仮に会議中に良い訳をひねり
出していたとしても、そもそも聞き手がハンプティダンプティの物語の顛
末を知らなければ、結果的に面白さは伝わらなかったかもしれません。

　童謡や昔話の知識もわれわれの稼業では役に立つことがある、という
のがここでの教訓ですが、読者の皆さんにもお願いしたいことがありま
す。ご自分が通訳者を介して発言するとき、間違っても「桃太郎の鬼退
治」なんて気軽に言わないでくださいね。

覚えておこう！

Humpty Dumpty
＝ 元通りにならないこと

61 Centaur

複数の顔を持つ幻獣の正体

　この言葉との出あいは、南仏で行われた日系自動車メーカーの新車発表会でした。会食の席で、日本人のチーフエンジニア（車両開発の総責任者）と、「欧州カー・オブ・ザ・イヤー」の選考委員も務めるベテランのイギリス人記者との間に座り、そのやり取りを通訳していました。話題は尽きることがなく、車両の開発秘話から古今東西の名車へと続いていきました。

　そんな会話の中で、記者が、マツダの小型オープンスポーツカー「ユーノス・ロードスター」の乗り心地を It's a centaur-like feeling.（まるで centaur のような感覚だ）と形容しました。Centaur は「セントウ」と発音します。初めて聞く言葉だったので、その意味を尋ねると、記者は言葉で説明するかわりに万年筆を取り出して、手帳に絵を描いてくれました。

　のぞきこむと、「上半身が人間で下半身が馬の生き物」が描かれていました。ケンタウロスです。記者が伝えたかったのは、乗り物を身体の一部のように自在に操る「人馬一体」という感覚のことでした。

　「ケンタウロス」と聞くと、筆者は弓を構えた射手座の勇壮な美男を想像します。でも、美術館でギリシャ神話を描いた西洋絵画を見ると、ケンタウロスは大概、髭面の粗野な中年男で、酒を飲んで暴れたり女性に卑猥な行為を働こうとしたりしています。

　自分が持つケンタウロスのイメージとあまりにかけ離れているので、一度、不思議に思って調べてみたことがあります。すると意外な事実が判明しました。なんと、ケンタウロスは一人ではなかったのです。

　小文字で始まる centaur は、ギリシャ神話に登場する半人半馬の種族全般、つまり「ケンタウロス族」を指します（「セントール族」と表記されることもあります）。一方、大文字で Centaurus とつづられている場合は、ケンタウロス族の始祖となった「個人としてのケンタウロス」を意味します。

　ケンタウロスという人物は、ある好色で残忍な国王が、全知全能の神ゼ

ウスの妻・ヘラを寝取ろうして生まれた子だと言われています。しかし、王の相手はヘラ本人ではなく、王の企みを見破ったゼウスがヘラの姿を似せて造った「雲の塊」だった、というお話です。生まれたケンタウロスは牝馬と交わり、多くの子孫を残しました。それがケンタウロス族です。

どう猛で残忍、かつ好色のケンタウロス族ですが、同じ半人半馬の姿でも異なる系譜と性格を持つ者もいます。中でも、大地と農耕の神クロノスの血を引く **Chiron**（ケイローン）は、学問や医術、武道に長けた人格者で非業の最期を遂げ、射手座になったと言われます。筆者の「弓を持つ美男」のイメージは、このケイローンだったようです。ちなみに、ケンタウルス座（**Centaurus**）という星座もあり、**Pholus**（ポロス）という、同じくケンタウロス族の別人が星になったものです。

Centaur という言葉は、18世紀にイギリスの貴族が著した馬術の本にも、「乗馬の極意」として登場しています。その本によると、馬からの絶対的な信頼と服従が得られてはじめて、人は馬を自分の体の一部のように（すなわちケンタウロスのように）自由自在に操れるようになるのだそうです。

その境地に達することができた乗り手は、自らはもちろん、馬の安全をも託されている状態。だからこそ技を磨き、節度と自制心を持って、己の内なる破壊的な獣性を制御しなければならない、とこの本は説いています。

ここでのケンタウロスは、人としての知性や理性と動物的な暴力性の両方をあわせ持つ、人間の二面性の象徴として描かれていました。こうした「人馬一体」のあるべき姿は、現代の人間と車の関係にもそのまま当てはまりそうです。

覚えておこう！

Centaur
= ケンタウロス（人馬一体の比喩として用いられる）

62 **Boondoggle**

せっかくの仕事が

Boondoggle という単語を聞いたことがありますか？ 初めてこの言葉を聞いたときは、かなり独特かつ奇妙な響きで一体何だろうと思いました。初めて聞く単語の場合、自分が知っている似た発音の単語はないか、もしくは単語を分解して意味を推測できないか考えます。例えば **boon** という単語は名詞であれば「恵み」、形容詞であれば「面白い」ですが、**boondoggle** にそれが当てはまるだろうかといった具合に。

この単語が出てきたのは、ある会社での印刷物についての会議でした。デジタル化時代を迎え、印刷物を減らし、コスト削減も目指そうという内容。何種類の印刷物が、どのような目的で、何部ずつ発行され、どう活用されているのか。それは果たして必要なのかを日本人社員が説明します。会議室の大きなテーブルを埋め尽くす大量の印刷物。ひとしきり説明が終わったあとに、南アフリカ人の社長が一言、言いました。

Some of this is a complete boondoggle.

それまでの説明を辛抱強く聞いていた社長の様子と、この発言をしたときの表情やトーンからして、ポジティブな内容でないことはわかりました。ですが、**boondoggle** が何を意味するのか、はっきりとはわからず、思い切って聞き返してみました。すると社長は、「多大な労力や、時間、お金を費やした挙句の無駄な仕事のこと」だと教えてくれました。その場は社長の説明をそのまま日本語にして、事なきを得ましたが、この耳慣れない単語が気になって、正式な意味や成り立ちを知りたくなりました。

ロングマン現代英英辞典によると「複雑で多くの時間やお金、努力を無駄にする、正式な計画や活動」と説明されています。さらに、「ヒストリーチャンネル」のウエブサイト History.com 内の "**Where did the word 'boondoggle' come from?**" に詳しい説明がありました。それによると、20世紀前半、ボーイスカウトのサマーキャンプ中に、ボーイスカ

ウト活動の一環としてビニール紐や皮を編み、カラフルな首紐やブレスレットなどを作っていたことが語源となっているそうです。1930年の雑誌 *Scouting* で、ニューヨーク州のイーグルスカウト（アメリカでのボーイスカウトの最高位）のロバート・リンクがこの手工芸の技法を **boondoggling** と名付けたそうです。

　ボーイスカウト活動における **boondoggle** 作りはその後も続きましたが、この言葉が広く知られるようになったのは、1935年4月の米ニューヨーク・タイムズ紙の一面記事がきっかけです。同紙は、雇用の促進を目指す連邦機関が年間300万ドル以上を拠出して、バレエや、影絵芝居、**boondoggle** の作り方などの「お遊び」をホワイトカラーの失業者に教えていたことがわかった、と報じました。

　実際には、失業中の教師に月給を支払い、貧困層の子どもたちに使用済みのタバコの箱やブリキの缶を再生させる方法を教えるといったプログラムもあったのですが、ルーズベルト大統領のニューディール政策に反対する批評家はこうした **boondoggling** を「無駄な支出である」として厳しく非難しました。「このプログラムは（富裕層が集まる）五番街で行っているのではなく、路上生活を強いられかねない子どもたちが恩恵を得られるような場所で実施している」との釈明は、十分な支持を得られませんでした。

　ルーズベルトは1936年のスピーチで「**Boondoggle** しながら大恐慌を脱することができればこの言葉は長い間アメリカ人の心に刻まれるだろう」と肯定的な意味で用いましたが、アメリカの政治の文脈では「無駄遣い」を意味する言葉として定着しました。捨てる素材を無駄にせずに再活用することを子どもたちに促す活動から生まれた言葉が、現在ではまさに無駄そのものを意味する言葉として使われているのは皮肉なことです。

覚えておこう！

Boondoggle
＝ 無駄な仕事、活動（を行う）

Column 3 通訳者の取扱説明書

　読者の皆さんの中には、通訳者になりたいと思っている人や、仕事上、通訳者と日常的に接点のある人がいるかもしれません。最後は少しテイストを変えて、通訳者という「生き物」について解説してみたいと思います。

【1】主な性質

　本書のエピソードからもわかるように、通訳者は基本的に「語学おたく」です。知らない言葉があるととことん調べます。また、「雑学マニア」でもあるため、自分が通訳している内容について、掘り下げて知りたがります。そんな通訳者に対する禁句が「そこまで知らなくても大丈夫です」。通訳者のやる気を削ぎ、欲求不満にさせる一言ですので、気をつけてください。

　また、日英通訳者の中には、複数の外国語を解する人が少なくありません。通訳者に気づかれないように英語以外の外国語で話しているつもりが、実は内容が筒抜けだったということもありえますので、注意しましょう。仕事柄、海外経験が豊富な人が多く、各国の名所や料理にも詳しいので、通訳者を同行して海外出張に行く際は、いろいろ尋ねてみると面白い話が聞けると思います。ただ、業務終了後の通訳者は、へとへとになっていますので、無理やり観光や会食に連れて行くのは NG です。

【2】苦手なもの

　通訳者には数多くの「苦手」があります。まずスピーカーのタイプでは、早口が苦手です（特に同時通訳の場合）。また、いわゆる「オヤ

ジギャグ」ばかり言う人は本当に困ります（特にダジャレの類いは言葉遊びなので、そのまま訳しても笑えません）。話の結論が見えない人、脱線ばかりする話し手も苦手ですが、これは通訳者に限ったことではないですね。クライアントでいえば、事前に資料をくれない、打ち合わせをしてくれない、予告なく延長をする、時間が余っているからと別の仕事を押し付ける、など諸々ありますが、単なる愚痴になりそうなのでこのあたりにしておきます。

【3】喜ばせかた

　通訳者が気持ちよく仕事をしていたほうが、現場の雰囲気もよくなり、会議も成功に近づきます。前述の「苦手なもの」を排除するのはもちろん効果的ですが、その前にまずは水を与えてください。通訳者はその会合の参加者の中でもっとも発言回数の多い人です。どうしても喉が乾きますので、会議室の隅に、自由に飲めるペットボトル入りの水が常備されているような環境だととても喜びます。また、脳をフル回転させるため、ブドウ糖の摂取も欠かせません。ちょっとつまめる甘いものがあると、通訳の質も向上します。

　忘れられがちなことですが、通訳者も人間です。「通訳さん」ではなく、名前で呼んでいただけると、やる気がアップします。「わかりやすかった」「ありがとう」などのシンプルな声かけも非常に有効です。そして帰り際に「またお願いします」と言われると、1日の疲れも吹き飛びます。本当に思っているのであれば、次回の依頼時に通訳者の「リクエスト」もお忘れなく！

Part

7

スポーツ由来の
表現

古代オリンピックの例を出すまでもなく、人類の歴史において、スポーツは常に身近な存在として存在してきました。洋の東西を問わず、スポーツに由来する表現が多いのは、当たり前のことかもしれません。ただ、場所が変われば、愛好されるスポーツも当然異なります。日本でも人気が高い野球やバスケなどのメジャーなものだけでなく、意外な競技もたくさん登場しますのでお楽しみに。

63 **Shooting from downtown**

どこから得点を狙うかが重要

英語の慣用句には、スポーツ競技に由来する表現が多くみられます。野球やアメリカンフットボール、バスケットボール、テニス、サッカーなどさまざまなスポーツに由来する慣用句があり、中にはボクシングや競馬、クリケットなどの競技からきたものもあります。長い間に元来の意味が変化したり、由来があまり知られなくなったりした慣用句もあります。例えば **hands down** という慣用句は形容詞として使う場合、「楽々と勝てる」「容易な」または「疑いのない」という意味ですが、元は競馬用語です。ゴール前で勝利が確実となった騎手が手を下げて馬の手綱を緩めるさまを表現していますが、現在、それを知りながらこの慣用句を使っている人はほとんどいないと思います。

ある製薬会社の研究開発会議の現場で通訳をしていたときの話です。すでにいくつか出ていたプロジェクトのアイデアを一つずつ検証していた際に、1人のアメリカ人が **He is really shooting from downtown.** と発言し、少し肩をすくめました。単語一つひとつは理解できるのに、全体の意味がまったくわからない。とっさに「彼のアイデアはダウンタウンからきています」と意味不明な訳出をしてしまいました。幸いにも会議の進行が速く、次々と意見が出たため、特にこの発言を気に留める人もいませんでした。休み時間に早速調べてみると、バスケットボール用語であることが判明しました。

バスケットボールのコート上には、スリーポイントラインというバスケットを中心とする半円形状のラインがありますが、このラインの外側からシュートしたボールがバスケットに入ると、通常の2点よりも多い3点を獲得することができます。バスケットから遠くなればなるほど得点が難しくなるので、選手はできるだけラインぎりぎりの場所からボールをシュートしようとします。ところが試合の時間切れ直前などにラインぎりぎりまで近

づく時間がなく、一か八かで遠くからバスケットめがけてシュートする場合があります。これを **shooting from downtown** と表現します。つまり「遠くからシュートする」という意味であり、転じて会議では、**bold**（大胆な、思い切った）、**risky**（リスクを伴う）という意味で使われていたのです。**He is really shooting from downtown.** と発言したアメリカ人は、「彼は大胆なアイデアを出している」と言いたかったのだとわかりました。

　ところで、「遠くから」になぜ **from downtown** が使われているかというと、これには諸説あるようです。**Downtown** は日本語に直訳すると「下町」ですが、北米ではオフィス街や繁華街のある都市部のことを指します。一説には、子どもや学生が練習に使うバスケットボールコートの多くは都市部から離れた郊外にあるため、「遠くから」という意味に **from downtown** を使ったのではないかと言われています。また、スリーポイントシュートが得意だった有名バスケットボール選手（**"Downtown" Freddie Brown**）のニックネームに由来するという説もあります。いずれにせよ、1970年代ごろからアメリカのスポーツアナウンサーたちが頻繁にこの表現を使うようになったおかげで、一般にも広まったようです。

　同じような意味で使われている表現に **a long shot** があります。「望みの薄い企て」「大胆な試み」という意味で使われますが、元はハンティング用語でした。遠くの的に当たる確率が低いことからきています。

　余談ですが、アメリカ英語においては数あるスポーツの中でも特に野球に由来する慣用句が多いように感じます。これはほかのスポーツよりも野球の歴史が長く、近代のアメリカにおいて、**The Great American Pastime**（アメリカの一大娯楽）と呼ばれ、人気を博したゆえんでしょう。競技の人気が慣用句の数に影響を与えると考えると、今後どんな表現が出てくるか楽しみです。

覚えておこう！

Shooting from downtown
＝ 思い切ったことをする

64 In the ballpark

野球がお好き

　企業が株主や投資家向けに経営や財務の状況などの情報提供を行う**IR**（**Investor Relations**）の通訳業務は、比較的安定した需要があるとされます。外国人機関投資家が来日して企業取材を行う時期が春と秋に集中しているため、通訳歴の短い通訳者がアサインされることもあります。

　投資家は、自分の立てた仮説を確認して投資判断をするために、企業取材を行います。財務諸表や決算説明資料をもとに、より多くの有益な情報を企業のIR担当者から聞き出すのが狙いです。このため、通訳者は、企業の業績や財務状況のみならず、製品・サービス、業界動向、関連法規から直近の不祥事まで、あらゆる情報を頭に入れ、投資家と企業のコミュニケーションをサポートします。ある程度経験を積んだいまでは、「ヤマを張る」こともできるようになりましたが、駆け出しのころはそんな芸当はできません。毎回、異様なまでの緊張感で臨んでいました。

　そんなIR通訳を始めて何度目かのある日のこと。アメリカ人投資家に同行し、都内の大手企業を取材訪問しました。現れたIR担当者と投資家は、すぐに直近の業績について話し始めました。アメリカ人投資家は、事業会社が開示していない情報も推測しようと、周辺情報をあれやこれやと聞いて探りを入れています。一方、日本人IR担当者も、開示していない情報については「申し訳ありませんが、弊社では内訳については開示しておりません」「現在鋭意策定中ですので、現時点で申し上げることはできません」と穏やかな雰囲気を保ちつつ、水面下での情報戦に応じています。このままではタイムオーバーになると思ったのか、焦った投資家が不意に作戦変更を試みました。

So your sales from Company A is about 60 percent. Do you think I'm in the right ballpark?

お堅い会議室に突如現れた「野球場」、そしてその野球場で投資家が

元気いっぱいにバットを振り回しているイメージしか脳裏に浮かばず、真顔で **What do you mean by ballpark?** と投資家に聞き返して、教えてもらいました。

　バッターが打ったボールはどこへ飛ぶかはわからないけれど、通常は野球場の範囲内にとどまることから、「概ね当たっている」ことを **in the ballpark** と表現するのですね。ややくだけた表現ですが、およその数字、概算を **ballpark figure** と言ったりもします。もともとは1960年代前後の軍事開発や宇宙開発現場で、ミサイル等の想定着地点を100マイル単位で幅を持たせて **ballpark** と呼び、**ballpark** 内であればどこに着地しても成功とみなしていた一種の業界用語が、一般的に口語使用されるに至ったそうです。

　野球好きで知られるアメリカ人。通訳中も野球がらみの言い回しが頻出する印象があります。成功を **home run**、失敗を **strikeout** ぐらいであれば、野球になじみがない人にもイメージしやすいでしょう。3日連続の会議の最終日の午後、疲労を隠せない同時通訳者チームに対し、アメリカ人ビジターから **Come on! We are in the homestretch!** と気合を入れられたことも。一塁、二塁、三塁とベースを回り、「もうすぐでホームに戻れる！」という喜びで、疲れもいったんリセット。残りの同時通訳に集中して臨めました。ほかにもなるほどと思った言い回しに **bench strength** があります。野球などのチームスポーツでは試合中、レギュラーも控えも「ベンチ」に座りますが、その「ベンチが強い」という比喩表現で、選手層が厚いこと、つまりは人材が豊富であることを表します。アメリカ人と話すときには、こんな表現が使えるとぐっと距離が近づくのでおすすめです。

覚えておこう！

In the ballpark
= 概ね当たっていて、ほぼ妥当で
Ballpark figure
= およその数字、概算

65 **Go down to the wire**

競馬のイメージはないけれど

　イギリスの EU 離脱交渉が迷走を極めた2019年初頭のことです。当初の交渉期限が目前に迫り、合意なき離脱（**no-deal Brexit**）になるのかとの質問に対する答えの中で出てきたのが、**the negotiation will go down to the wire** でした。

　この表現を知らなくても、ある程度の背景知識があれば、交渉は難航するだろうという意味だと推測できるかもしれませんね。正確には、交渉は最後まで予断を許さないだろうという意味です。意味はなんとなく想像できたとして、なぜここで **wire**（針金）が出てくるのかわかりましたか？

　筆者はなぜかダイナマイトの導火線をイメージしました。長い導火線の端に点火すると、小さな炎が線をたどってダイナマイトに向かって走り、爆発するあれです。でも実際の由来はダイナマイトとは無関係でした。

　この **wire** は実は競馬に由来しています。19世紀後半、いまのような勝負判定用カメラがなかったころ、競馬場のフィニッシュラインの上に針金が張り渡されていました。馬が僅差でゴールになだれ込んできても、どの馬の鼻先がフィニッシュラインを一番に越えたのか、わかるようにするためです。アメリカで使われ始めた表現という説明が一般的ですが、オーストラリアだったという説もあります。

　また当時競馬場ではスタートラインにも針金を張ってフライング、不正スタートがないかチェックしていました。ここから **from wire to wire** で「最初から最後まで」という意味で使われるようにもなりました。

　冒頭のイギリスの EU 離脱に話を戻します。EU 離脱を問う国民投票が2016年6月23日に実施され、離脱支持者が52％で残留支持派をわずかに上回って以来、議会での協議も EU との交渉も難航しました。イギリスでは総選挙が実施され、閣僚が辞任。メイ首相からジョンソン首相に交代して、離脱期限が3回延期されるなど混乱を極め、ぎりぎりまで緊張

した状況が続きました。結局2020年1月31日、当初の予定の2019年3月から10カ月遅れて、イギリスはEUを離脱し、2020年12月31日までの移行期間に入りました。移行期間中にイギリスは各種の国際協定を独自に締結し直す必要があります。**Go down to the wire** は、まさにこのような緊迫した状況を表す表現として適切だったわけです。

ところで、英語表現には馬に由来する表現が数多くあります。例えば **neck to neck** は、競馬の馬がわずか首の差でゴールに到達する様子から、接戦であること、互角であることを意味します。落ち着け、慌てるな、を意味する **hold your horses** は、前に進もうとする馬をなだめる様子をイメージしてください。19世紀の初め、アメリカで多くの人々が金鉱脈を求めて西部の新天地を目指しました。馬に乗った偵察者が馬車よりも先を行き、危険を察知すると、文字通り **hold your horses** と馬車に向かって叫んだそうです。これとよく似た表現に **rein in** があります。これは **rein**、手綱を引くことからなにかを抑制する、抑えるという意味です。

意外なところでは、おなじみの表現、**across the board**（全体にわたって）も競馬に由来しています。**Board** は競馬場で人々から掛け金を受け取る胴元が使う板切れ、その板に貼りつけた競馬表にあれもこれも広く賭けることから「全体的に」という意味に使われるようになりました。

ほかにも **eat like a horse**（大食いである）、**dark horse**（ダークホース、予想外の実力者）、**horseplay**（ばか騒ぎ）、**don't look a gift horse in the mouth**（もらい物にけちをつけてはいけない）、**get off your high horse**（高慢な態度をやめる）など、馬に由来する表現は多数あります。それだけアメリカやヨーロッパでは、馬が生活に密着した存在だったということなのでしょう。

覚えておこう!

Go down to the wire
= 最後まで予断を許さない

66 Skin in the game

大きく賭けるとき

　皆さんはこのフレーズを聞いて何を思い浮かべるでしょうか？ **Skin** には、よく知られているところでは「肌」や「皮膚」、「皮」という意味がありますよね。さらに辞書を引いてみると、俗語として「詐欺師」など、あまりなじみのない意味も出てきます。一方の **game** はどうでしょうか？「ゲーム」や「試合」がよく知られていますが、それ以外にも「駆け引き」や「獲物」、「企み」といった意味もあります。

　聞き慣れないフレーズに遭遇したとき、通訳者はまず、自分が知っている単語の意味を組み合わせて、全体の意味を想像します。でも、この表現に関しては、映像を思い浮かべてみてもイメージが湧かないかと思います。

　このフレーズが登場したのは、ある企業の会議でした。営業成績が3カ月連続で目標未達だったことに業を煮やしたアメリカ人社長と営業部の社員が、侃々諤々の議論を展開。営業部は「できることはやっている」と主張するものの、社長は社長で、日本のお粗末な営業成績をグローバル本社に報告しなければならず、プレッシャーを抱えていました。

　緊迫した雰囲気の中、社長が放った一言が **You guys have to put some skin in the game.** でした。通訳者としては、なぜ skin なのか、なぜ game なのか皆目見当がつかず、仕方なく文脈から「もっとしっかりやってくれ」というようなあいまいな訳を出すしかありませんでした。

　会議後に意味を調べてみたところ、マクミラン英英辞典には次のような説明がありました。「自分が起こしたいと思うことに投資をすることで、金銭的なリスクを負う」。例文として、**You take more ownership of something when you have some skin in the game.**（自分がリスクを負っているときは、より当事者意識を発揮する）が挙げられていました。

　ただ、なぜそのような意味になるのかはわからないままです。さらに語源を調べてみたところ、実は **skin in the game** はダービー競馬から生ま

れたフレーズだということがわかりました。馬主はそのレースで最も多くの**skin**（投資）をしているわけですから、ダービーの結果次第で得るものも失うものも大きいということになります。現在では転じてビジネスや金融の世界でよく使われているようです。オーナーや社長が投資に関して大きなリスクを負う、もしくは大きく関与するという意味でよく使われます。**Skin**は人、**game**は投資もしくは話の主題になっている行為の比喩となっています。

　報酬の代わりにストックオプションをもらうのは欧米では比較的よく聞きますが、自分のお金で自社株を買うことはそこまで一般的ではないでしょう。だからこそもしオーナーや社長が行えば、それだけ会社の将来に自信を持っていることの表れになります。つまり、社長が**skin in the game**というフレーズで伝えたかったのは、営業部がしっかりと関与し、リスクを負うことだったのです。おそらく社長には、営業部員一人ひとりが、直面しているマイナス状況を、自分のこととして捉えていないように見えたのだと思います。

　インターネットで調べてみると、このフレーズを広めたのは投資家のウォーレン・バフェットだという説が散見されました。一方、米ニューヨーク・タイムズ紙によると、バフェット自身は「自分は関係ない」と関与を否定しているそうです。語源学者からの殺到する問い合わせに辟易したからなのか、はたまた本当に覚えがないからなのか、真相はやぶの中です。

　Skin in the gameは現在、金融やビジネスの世界で主に使われていますが、意味が広がって「感情面での投資」にも使われていくかもしれません。例えば、米ウォール・ストリート・ジャーナル紙の記事では**Can you have skin in the game of your marriage?**（あなたは自分の結婚に積極的に関与できますか？）とありました。皆さんもビジネス以外の文脈でこのフレーズに出あうことがあったらぜひ注目してみてください。

覚えておこう！

Skin in the game
＝ 積極的な関与、（個人的な）投資

67 Gnarly

やばいほどすごい

初めて通訳をした日に悩まされた単語の一つに **gnarly** があります。その後、会議通訳の場で聞くことはなく、完全に忘れていましたが、昨年、奇跡的な形で再会しました。そんな **gnarly** 体験をご紹介しましょう。

90年代半ばの12月。当時はサーフィン雑誌に関わっており、世界チャンピオンシップツアー（WCT）の最終戦「パイプラインマスターズ」の取材のため、ハワイ・オアフ島のノースショアを訪れていました。人を雇う余裕がなく、編集、デザイン、翻訳はもとより、通訳のまねごと（当時は通訳は主な仕事ではなかったので）もやりました。とはいえ、肝心の波乗りの知識は一切なく、文化や独特の言葉遣いなど、すべてゼロから学ぶ必要がありました。日本語ですらわからず、海に行き、目の前の状況と言語表現をすりあわせることで、何とか語彙を増やしていきました。

Gnarly との出あいは、ハワイ初取材の年の決勝ラウンドでのことでした。水平線が絶壁のごとく立ち上がり頂点に達したときを見計らって、乗り込む一人の選手。地鳴りのような轟音がして、端から波がめくれていきます。波はそのうち、巨大な水の塊となって落ち始め、内側に水のトンネルが出現。最後はドーンという爆音とともに大量の水しぶきが上がりました。緊張の一瞬のあと、水煙の中から両のこぶしを高く上げた選手が飛び出し、会場は大歓声に。続いて10点満点のコールが聞こえると、海から上がる選手をとらえるため、取材陣が一斉に駆け寄りました。一番の注目選手とあって、聞き取ったコメントを同行の記者に伝えなければ、筆者も走ります。そこで聞こえたのが、**That was gnarly, but I nailed it! So stoked!** というコメントでした。

「ナーリー」という表現は初耳でした。ただ、分厚い波が容赦なく迫る恐ろしい光景が脳裏に焼きついていますし、後半は理解できています。直感を信じて、「巨大で危険な波だったが、完璧に乗り切れて最高にうれし

い」というふうに訳しました。のちにサーファーたちに聞いたところ、「巨大で危険」は妥当だったとのことでした。

　しかし、安堵もつかの間、スペルを見た瞬間、ショックを受けました。雑誌の記事で何度も目にし、訳すたびに解釈に悩まされた単語だったからです。最初の **g** は黙字で、**sign** のように発音されません。「グナーリー」と音を間違って覚えていたため、聞いても認識できなかったのが、自信を持って「やばい」と訳せなかった原因でした。

　いまでこそネットにはサーフ用語辞典も数多くありますし、英英辞典の多くが、本来の意味である「ふしくれだった、ごつごつした」と並んで、俗語として「非常に危険な」「ひどい」といったネガティブな意味と、その裏返しである「最高の」「クールな」といったポジティブな意味も紹介しています。しかし当時はオンライン辞書を検索した場合でさえ、こうした情報を見つけるのは困難でした。やむなく文脈で判断するのは、翻訳の際には仕方がないことですが、場合によって対極の訳になることもあるため、ずっと確信が持てずにいた、まさに「因縁」の単語でした。

　サーフィンから離れて10年近くたったころ、出張でアメリカへ向いました。隣に座ったのは沖縄から乗り継いできた若いアメリカ人海兵隊員で、アメリカのサーフ雑誌を持っています。挨拶程度に軽く言葉を交わしたのち、機内映画にサーフ映画を発見し、懐かしさから見始めました。隣でも同じものを見ているようでした。すると突然、筆者がデザインした雑誌の表紙がアップで映し出されたのです。「これ、私の雑誌！」と思わず青年の腕をつかんでしまいました。すぐに無礼を詫び、かつて自分が作っていた雑誌だと伝えると、**Wow, that's gnarly!** と言って、この奇跡的な偶然を一緒に驚いてくれました。

覚えておこう！

> **Gnarly**（発音に注意。gは発音しない）
> ＝ 非常に困難な、危険で恐ろしい、（転じて）最高の、クールな

68 **Huddle**

勝つためのヒントが満載

Huddle は、動物などが群れる、身を寄せ合うという意味の動詞です。アメリカンフットボール（以下アメフト）の試合中に、フィールド上で選手たちが円陣を組んで行う作戦会議という意味もあります。

アメリカの企業に買収された日本企業が、一足先に同じ企業に買収されたイギリスの会社に、システム導入事例の勉強に訪れた際、通訳を担当したときのことです。

初日の朝、オフィスに到着するやいなや、イギリス人のマネージャーに「**Morning huddle** をするから見に来い」と言われました。筆者にとっての **huddle**（ハドル）は、スポーツ選手が円陣を組んで「エイエイオー」と唱和しているイメージでした。まさか、斜に構えたイギリス人に毎朝そんなことをやらせているなんて、と少し呆れた気持になりました。

というのも、その親会社は、社員がそろいのユニフォームを着て、社歌をトランス状態で合唱するような、ちょっぴりカルト宗教じみた社風があることを、噂に聞いていたのです。日本人のお客さんにそんな話をこっそり教えてあげると、皆さんは大喜び。興味津々でついていってみたら、なんのことはない、ごく普通の朝会で、拍子抜けしてしまいました。

それから十数年たった現在、日本でも働き方改革が叫ばれる中、会議を効率化する「話題の会議形式」として、ハドルが注目されています。アメフトの試合において、ハドルは25秒や40秒という時間制限があり、「1秒たりとも無駄にできない」という考え方をビジネスシーンの会議に持ち込んだのが、ハドルミーティングなのだそうです。

日本のハドルについて書かれた複数のウェブサイトから、共通するキーワードを拾ってみると、以下の特徴があることがわかりました。

・突発的に必要性が発生したときに実施
・メンバーは必要最小限

・短時間（10分〜30分）だけ集まって行う

・限られた時間内で効率的な情報共有と意思決定を行う

・終了したら即座に仕事に戻る

　同じく、アメリカの **huddle** についても調べてみると、以下の通りでした。

・定期開催（毎日、毎週など）

・全員参加

・5分〜10分、長くて15分以内

・セレモニー的な要素（メンバーの結婚や出産などの報告も行う）

・団結を強めることが目的

・問題は共有するが、すべてを解決しようとしない

・成功談を共有し、前向きな気持になる

　ずいぶん違いますね。アメリカ型のハドル会議をそのまま日本に取り入れたわけではなさそうです。

　ハドルの起源について調べてみると、意外なエピソードがあることがわかりました。諸説ありますが、アメフトの試合で初めてハドルが行われたのは、聴覚障害者のための大学のチームでクォーターバックを務める選手の発案がきっかけだったそうです。作戦会議でチームメイトにプレイの戦略を手話で説明する際、相手チームに見られないように、円陣を組んで手元を隠そうと思いついたとか。チームワークや士気を高めるためではなかったのですね。

　日米とも、そんなアメフトのハドルに着想を見出して、それぞれの企業文化における会議の問題点を乗り越えようとしている点は共通しています。通訳者としては、その違いも理解した上で訳したいところです。

覚えておこう！

Huddle
＝ ハドル会議（日米で解釈はまったく異なる）

69 Penultimate

意外と使えるビッグワード

Penultimate は「最後の一つ手前の」あるいは「最後から2番目の」という意味の形容詞です。このままだと舌を噛んでしまいそうですが、**pen-** と **ultimate** に分解して考えると、少しは親しみやすくなるのではないかと思います。**Pen-** は「ほとんど」という意味の接頭辞、**ultimate** は「最後の」という意味の形容詞。いずれも、ラテン語に由来する言葉です。

Penultimate のようにラテン語から生まれて、なおかつ音節を多く含む長めの単語を、**big word**（ビッグワード）と呼ぶことがあります。「小難しく大げさな」というニュアンスが込められており、そういう言葉の使い手を揶揄するときに使います。また、学者や専門家たちが、自らの言葉遣いに対して、自戒を込めて用いることもある表現です（日本語でいう「お役所言葉」と通じるものがあるかもしれません）。

実際、法律の専門家による会議の通訳をすると、ラテン語由来の言葉が飛び交うことが少なくありません。例えば、「事前に」は、**in advance** や **beforehand** ではなく **ex ante**、「議題も残すところあと二つとなりました」も We have two more agenda items to go. ではなく **We have reached the penultimate agenda item.** という具合に、**penultimate** が使われたりするのです。

ビッグワードは、普通の人が日常の会話で連発すると煙たがられがちですが、**penultimate** に限っては、もっと仰々しくない、「使われるべくして使われる」場面もいくつかあるように思います。

一つは、連続ドラマなどで「最終話の一つ前のエピソード（**the penultimate episode of the season**）」というような場合。もう一つは、スポーツで、例えば、自転車レースやクロスカントリースキー競技で「最後から2番目の上り坂（**the penultimate uphill**）」というときに使われます。

スポーツといえば、筆者が大学生のころから通訳や翻訳で関わってき

たモータースポーツでも **penultimate** はごく普通に使われていました。いくつか例を挙げるなら、「選手権シリーズの最終戦の一つ前のレース」は **the penultimate race of the Championship** ですし、選手がレースのあと、インタビューなどで自分の走りを振り返るときに、「最後から2番目の周回でステアリングに異変を感じた（**I felt something strange with the steering on the penultimate lap.**）」などと言ったりします。

　Penultimate と同じ意味を持つ表現に、**next to last** や **second to last**、**last but one** がありますが、これらのほうが、より日常会話に適した自然な表現です。

　ただ、これらはすべて、最後のもの（**last**）を基準に、「その前」や「2番目」などと、基準とするものからの相対的なポジションを言い表しているにすぎません。一方、**penultimate** は、形容詞一言でそれを「名指し」できる言葉です。歯切れの良さが求められるエンターテインメントやスポーツの文脈で好まれるのもわかる気がします。

　とはいえ、レースの仕事から遠ざかってから、この言葉を聞くことはほとんどなくなりました。実際に、あまり一般的ではないのでしょう。経験豊富な通訳者の中にもこの単語を知らない人が多く、普段は先輩に助けてもらうばかりの筆者が、珍しく助け舟のメモを出せる貴重な言葉でもあります。こんなとき、学生時代のアルバイトが少しは役に立っていると感じます。

　ちなみに、**penultimate** の手前は **antepenultimate**、そのまた手前は **preantepenultimate**、さらにその手前は **propreantepenultimate** と呼ぶそうです。これらはモータースポーツでも法律の会議でも、さすがに聞いたことがありません。これぞまさに、ビッグワードの中のビッグワードです。

覚えておこう！

Penultimate
＝ 最後から2番目の

⁷⁰ **Red herring**

なじみのない食べ物

　実は通訳者泣かせのものに食べ物の名前があります。例えば、食品とは一切関係のない会議中に、突然 **red herring**（赤いニシン）が出てきたら、皆さんならどうするでしょうか。

　この言葉が登場したのは、ある製薬会社のミーティング。来日中のイギリス人と日本人の社員のやりとりを通訳していたのですが、急にクリケット関連の用語が飛び出しました。クリケットの知識がないので、ロンドン東部出身とおぼしき下町なまりのそのイギリス人に説明してもらいながら訳すのですが、日本人の聞き手もクリケットがわからないので、どうもピンときていない様子です。正確には覚えていないのですが、クリケット自体というよりも、クリケットから生まれた表現だったように記憶しています。そして下町なまりのイギリス人が、ミーティングの本筋からは離れて延々と話し続けたクリケットの説明の直後に出てきたのが、この **red herring** でした。

　That was a red herring after all. と言われても、恥ずかしながら **herring** 自体を知らなかったので、当然、この文の意味もわかりません。すでに何度も聞き返していたので気が引けながらも、さらに説明を求める羽目になりました。しかし、魚の説明をされてもどの魚なのかはわかりませんし、訳す上で必要なのは、魚の種類ではなく、この文の意味です。結局、何が言いたかったのかを尋ね、平易な表現で言い換えてもらい、ようやく「話がそれました」という意味であることがわかりました。サポート役のはずの通訳者への説明が何分も続くこととなり、いやな汗をかきました。

　さて、なぜ「赤い燻製ニシン」が「話がそれた」という意味になるのでしょうか。ニシンは北大西洋で豊富に獲れる魚ですが、生のときは白身の魚で、燻製することによって赤くなります。それが理由なのか、多くの日

本の辞書では**red herring**の意味の最初に「燻製ニシン」が出てきます（ちなみに、英語のサイトの中には、食べ物としては**kipper**もしくは**herring**を用い、「**red herring**とは言わない」としているものもありますので、注意が必要です）。

　このフレーズの起源には諸説あります。そのうちの一つは、イギリスの伝統的なスポーツハンティングである「キツネ狩り」から生まれたとする説です。猟犬がキツネを見つけるためには、鋭い嗅覚が必要です。そこで、嗅覚を鍛えるために、死んだキツネ、もしくは猫をあえて狩場に持ち込んで訓練していたというのです。しかし、毎回死んだ動物が手に入るわけではありません。その時に代替品として用いられたのが燻製ニシンだった、というのがこの説のあらすじです。

　ほかには、ハンター達がより長くハンティングを楽しむために、わざと燻製ニシンを使って猟犬を惑わせたというものや、アメリカ・ニューイングランド地方の入植者が、追いかけてくる狼を混乱させるために燻製ニシンを置いたという説もあります。いずれの場合も「臭いでかく乱する」のが共通点です。こうして、慣用句としての**red herring**は「偽の手がかり」という意味を持つようになりました。

　最近では政治の場でもよく使われているのを見かけます。試しに、**red herring**に「政治家（**politician**）」「引用（**quote**）」も加えて、ネットで画像検索をすると、巨大な懐中時計のような物体を持ったアメリカのトランプ大統領と思しき人物が出てきました（時計に表示されているのは数字や針ではなく、人を惑わすような渦巻きが表示されている政治風刺画でした）。画像検索は、言語化しづらい言葉のイメージを捉えるのにおすすめです。ぜひいろいろなワードで試してみてください。

覚えておこう！

Red herring
＝ めくらまし、人の気を逸らすもの

月曜日のCEO

World
Englishes

いまや世界の5人に1人が英語を話すと言われています。イギリスやアメリカといったいわゆる英語圏の国々だけでなく、英語を公用語の一つに定めている、あるいは国民の大半が日常的に英語で会話をしている国はアジアにも複数存在します。「英語」とひと口に言っても、それぞれの特徴が異なるのは自然なこと。Part8はlingua francaとなった英語の「いまの姿」を伝えます。

⁷¹ Lingua franca

リンガ・フランカって何語？

English as a lingua franca という表現を聞いたことがありますか？ **Lingua** は **language**（言語）だろうと見当がつくかもしれませんが、リンガ・フランカとは何語を指すのでしょうか？

イギリスが EU を離脱したら EU における英語はどうなるのかに話題が及んだ、とある会合でのこと。「多様性の中の統合（**United in Diversity**）」を掲げる EU では、各加盟国が自国の第一公用語を EU の公用語として申請できるので、2019 年には 24 言語に増えていました。

しかし加盟国 28 カ国のうち英語を公用語として申請していたのは意外なことにイギリスだけでした。英語はアイルランドとマルタ共和国でも公用語ですが、第一公用語はそれぞれアイルランド語とマルタ語です。そのため英語を EU の公用語とするイギリスが EU から離脱すれば、英語は EU の公用語でなくなり、EU 諸機関で働く多数の英語通訳翻訳者は失業するのではと懸念の声が上がったのです。その時に盛んに使われたのが **English as a lingua franca** という表現でした。英語は **lingua franca** であるので英語の重要性は今後も一層高まるだろうというのです。しかし筆者はフランカという響きからフランスを連想してしまい、すっかり混乱してしまいました。

調べたところ、リンガ・フランカは中世イタリア語の「フランク人の言語」に由来しています。11 世紀以降、ヨーロッパとレバント地方（地中海東部沿岸地方）の間で「レバント貿易（東方貿易）」が盛んに行われ、異なる言語を話す人々の間のコミュニケーションの手段としてイタリア語、フランス語、スペイン語、ギリシャ語、アラビア語などの混成語が使われるようになりました。当時アラビア語でヨーロッパ人をフランクと呼んだことからこの混成語はリンガ・フランカ、つまり「フランク人の言語」と呼ばれるようになり、それが転じて、共通語を持たない人々がコミュニケーションを

取るのに使われる言語という意味で用いられるようになったのです。

　昔はサンスクリット語や、ギリシャ語、ラテン語、ポルトガル語などもリンガ・フランカとしての役割を果たし、シルクロードの時代、日本や中国、朝鮮、モンゴルといった東アジアの国・地域では、通商の場面で漢文がリンガ・フランカとして使用されました。しかし現在ではリンガ・フランカというとほとんどの場合英語を指します。**English as a lingua franca** という表現が定着し、頭文字をとって「ELF」と言われることもあります。

　共通語としての英語には、いわゆるネイティブと呼ばれる人たちが話す英語とは少し違う特徴があります。母語の異なる人同士が意思疎通を図るために使う英語なので、相手に自分の考えを伝え、相手の考えを理解することに重点が置かれます。発音がお国なまりで聞き取りにくかったり、文法が正確でない場合もありますが、ネイティブと比べると凝った修辞技法はあまり使わず、相手に伝えたいことを明確に伝えようとするため、日本人を含む英語を母語としない人にはわかりやすいと言えます。

　世界経済フォーラムによると、世界の人口75億人のうち、英語を母語とする人は3億7200万人で、英語を話す人は15億人（2017年現在）。また、英語は国際航空管制の言語であり、国際的なビジネスや外交、学術会議でも主な共通語として使われています。世界の動きとともに言語は変化していきますが、共通語としての英語のステータスは当面、揺らぎそうにありません。

　最後にEUにおける英語ですが、イギリスは2020年1月31日にEUを離脱し、EUの加盟国は28カ国から27カ国に減少しました。それでも英語はリンガ・フランカとしていまもEUの公用語の一つです。

覚えておこう！

Lingua franca
＝ 共通語

最近は **English as a lingua franca (ELF)**、「共通語としての英語」という使い方をされることが多い。

⁷² Give me a tinkle

擬音語の不思議

　日本語に方言やなまりがあるように、英語にも国や地域ごとに少しずつ違いがあります。単語のスペルや発音、イントネーションが異なるだけでなく、同じ単語をまるで違う意味で使ったり、反対に異なる単語で同じものを指したりすることもあります。そのため通訳をする際にはスピーカーの出身地を調べておくことも大切です。とはいえ、どんなに準備をしていても、時にはこんな思いがけない口語表現が飛び出すことがあります。

　アメリカ、日本、アイルランドを結んだ不動産金融会社の電話会議でのこと。アメリカチームの現場で通訳を担当していました。一通り話し合いが終了し、一人のアメリカ人が別件で話したいことがあると発言。それに対してアイルランド人が放ったのが、この **Give me a tinkle.** でした。

　一瞬、アメリカ人たちがお互いに顔を見合わせたのに気づいたものの、いままで聞いたことのない表現に脳はフル回転。**Tinkle** の意味がつかめず、もしかして童謡『きらきら星』の **twinkle** かと思ったものの、それでは文章全体の意味がまったく通じない。しばらく沈黙していると、一人のアメリカ人が **Ok, I will give you a call.** と返事をするではないですか。ここでやっと、この謎の表現が「電話をかけてください」という意味だったと理解しました。でも **tinkle** って **call** の代わりに使えるの？　なんて考えていると、電話を終えたアメリカ人たちの大爆笑が聞こえてきました。一体何がそんなにおかしいのかと尋ねると、**tinkle** はアメリカ英語では「オシッコをする」という意味だというのです。

　この **tinkle** という単語、「チリン、チリン」と鈴がなるような音や「カチン」という金属音の表現にも使え、類語には **jingle, clink, chime, ring** などがあります。そういえば昔の電話の音は確かに高音の金属音で「チリン、チリン」と聞こえますよね。いまでもイギリスやアイルランドでは **tinkle** を電話の鳴る音として使っているため、「電話して」を **Give me a** tinkle.と表現したというわけです。一方、アメリカ人が**tinkle**と聞いてまず思い浮かべるのはオシッコの音、すなわち、便器にオシッコの当たる音なんだそうです。幼児のころに親にオマルに座らされて「オシッコしようね。**Tinkle, tinkle.**」と言われたことを思い出すのだそうです。日本語だと「シーシーしなさい」といったところでしょうか。

このほかにイギリス英語とアメリカ英語で擬音語の使い方が異なるものには**pop**があります。**Pop**は「ポン」という、はじけるような破裂音を表す言葉で、名詞と動詞の両方に使えます。ひょっこり現れるという意味の**pop in**や、音楽のジャンルである**pop music**についてはイギリス英語でもアメリカ英語でも同じように使われていますが、異なる使い方も存在します。アメリカ英語では主に中西部で炭酸飲料のことを**soda pop**と呼びます。また父親のことを指してインフォーマルに**pop**と言いますし、銃を撃つ、あるいは銃を使って人殺しをすることを指して、動詞として**pop**を使うことがあります。一方、イギリス英語では、**I popped the book on the table.**のように、物をどこかに置くことを表現する動詞としても使えるのです。

こういった英語の用語や表現方法の違いはイギリス英語とアメリカ英語だけでなく、オーストラリアやニュージーランド、カナダやインドなど過去にイギリスの植民地であった国や地域で存在しています。過去にイギリスが数々の地域で植民地政策を推し進めた経緯から英語は世界各地に広まり、それぞれの地で独自に変化を遂げました。その結果、日英通訳者に限らず、英語から訳出を行うすべての通訳者は、少しずつ異なるさまざまな英語（**World Englishes**）と日々格闘することになった、というわけです。

覚えておこう！

Give me a tinkle
＝ 電話をかけてください（イギリス英語）

通常アメリカ英語では、**Give me a call.**または**Give me a ring.**もしくは**Please call me.**を使う。

73 **Cloakroom**

謎の「カックリン」

ご存知の通り、英語は多くの国や地域で使われています。当然のことながら、それぞれ発音や語彙に違いがあります。世界には、母語話者としてではなく、公用語や第二言語、共通語として英語を使う人も大勢いるので、アクセントやイントネーションも、実にさまざまです。

ある日、都内ツアーのガイド中に隅田川を船でクルーズしていた際、インドのお客様が「ウェーリズカックリン！」とおっしゃいました。「リ」の発音は、スペイン語のRやロシア語のР（エル）よりもさらに強烈な巻舌音でした。ウェーリズ？ カックリン？ いったい何のことでしょう。3度聞き返したもののまったく聞き取れず、途方に暮れてしまいました。すると、お客様の息子さんが流暢な日本語で「ガイドさん、父はさっきから『お手洗いはどこですか』と言っているんですよ」とおっしゃったので、すぐにご案内しました。

はてさて、「ウェーリズカックリン！」がなぜ「お手洗いはどこですか」になるのか。自宅へ戻ってから、調べまくりました。「ウェーリズ」が**Where is**の意味だろうということは、すぐに見当がつきます。しかし、「カックリン」に近い発音で「お手洗い」にあたる言葉はなかなか見つかりません。英和辞典だけではらちがあかないので、和英辞典の「手洗い」「トイレ」「便所」、果ては「厠」の項目まで引きまくり、ようやく見つけたのが**cloakroom**でした。クロークといえば、劇場などでコートや荷物を預ける場所を指すのが一般的ですが、こういう使い方もあったのですね。

なお、お手洗いの婉曲表現としてはほかにも**bathroom**、**washroom**、**restroom**など複数あります。そもそも「お手洗い」というのも、「便所」を婉曲的に「手を洗う場所」と表現したものですよね。「ちょっとトイレ！」や「便所へ行ってくる」よりも「お手洗いに行ってきます」のほうが、響きが直接的ではないため、大人はこちらを使うことが多いでしょう。女性なら

ば「ちょっと、お化粧室へ」とも言います（某企業で派遣社員をしていたときは、職場のお局様から、「お手洗いへ行ってきます」ではなく「お化粧室へ行ってきます」と言うようにと徹底指導されました。理由は謎です）。イギリスのテレビコメディー**Monty Python's Flying Circus** のコントでも、レストランでデート中の女性が **Excuse me, I'll just powder my nose.** と言って席を立つ場面があるので、イギリスでも日本でも、似た言い方をするのだな、と感心したことがあります。

　さらに上品な表現としては「お花を摘んでまいります」などというのもあり、某名門お嬢様学校では、この表現を使用するように厳しく躾けられるそうです。そういえば、太宰治の『斜陽』にも、主人公かず子の母親が、いかにも花を摘んでいるような素振りで、外で小用を済ませている描写がありましたね。日本語の超上級話者としても有名な、新日本プロレスのハロルド・ジョージ・メイ社長も、「お花を摘みに行ってくる」という表現がお好きだそうです。ちなみに、男性の場合は「キジ撃ちに行ってくる」を使います。理由は……小用を足すときの男女の姿勢の違いですね。

　話が脱線しすぎました。インド人が英語を使うようになったのは、イギリスの植民地だったから、というのが大きな理由ですが、そもそも、連邦公用語であるヒンディー語のほかに、憲法で公認されている州の言語が21あり（外務省ホームページより）、「2マイルごとに水が変わり、4マイルごとに言語が変わる」と言われるほどですので、英語を共通語として使用するほうが便利ではあります。

　人口13億を超える大国ですから、インド英語の特徴をひとくくりにすることはできません。ただ、全体的に、前述のお客様のようにＲの巻き舌が強いことのほかには、詩を詠唱するような独特の抑揚が印象的に感じます。さすがは、大詩人タゴールを輩出した国の人々ですね。

覚えておこう！

Cloakroom
＝（婉曲表現）お手洗い

74 **Bush week**

人名でもアフリカの部族でもなく

What do they think this is? Bush week? オフィスに怒りの混じった声が響き渡り、皆が驚いて振り返りました。声の主は、40代のオーストラリア人で、敏腕と評判の新任マネージャーです。しかし通訳の間では、「小声でつぶやくため聞き取りにくく、気難しい」との噂でした。その彼が、この時ばかりは周囲にはっきりと聞こえる声で言い放ったのです。いつも顔が怖く、怒っているのだと思っていましたが、どうやら本当に怒るときは大声で滑舌が良くなることがわかりました。はっきりと聞こえたことに感謝しつつも、**bush week** がわかりません。仕方なく、「あの人たち（顧客）は何を考えているんでしょう？ ブッシュウィークじゃないんですよ!」と、聞こえたまま訳しました。皆さんならどう訳しますか？

　この表現に出あったのは、ある大規模 IT プロジェクトでした。全体を統括する日本企業が、パートナーの外資企業とともに、システム開発にあたっていました。しかし遅延に次ぐ遅延が発生。業を煮やした顧客企業のトップから喝が入ったらしく、現場は日々、緊張感でいっぱいでした。それもあって、この企業は前任者を更迭し、後任のマネージャーを送り込んだわけです。その効果は絶大で、以前はチーム意識も低く柔軟な対応ができなかった外資企業のメンバーたちが、日本人と一緒に、定時以降も仕事に没頭するようになりました。新任マネージャーは厳しい半面、部下の努力にねぎらいを忘れない人で、着任後すぐに信頼を勝ち取ったようでした。

　この日も顧客から、「必ず週明けまでに不具合修正を終わらせるように」と、日本のパートナー企業経由でプレッシャーをかけるメールが届いており、マネージャーは部下たちに週末返上で作業するように指示をしていました。そこへ「歓迎会出席のお願い」というメールが届いたのです。今度は顧客から直接日本語で来たため、筆者が訳したところ、明日この

マネージャーの歓迎会をするので、部下2名と参加してほしいというのんきな内容でした。週明けが期限とされた修正は技術的に困難なもので、海外拠点のオフショアメンバーまで総動員で作業中でした。そこに歓迎会のお誘いとあって、思わず席を立ち上がり、通訳者を引き連れてパートナー企業のデスクへ乗り込み、冒頭のせりふとなったわけです。

その後、調べてみたところ、1920年ごろにオーストラリアのシドニーで開催された**Bush Festival**という祭典が語源とのことでした。自然回帰を呼びかける祭典が開催され、都会に出てきた農家や未開地の人々が、農産物や田舎のグッズをたずさえて、大都会シドニーに大挙したそうです。イベントは大盛況でしたが、中には街の様子が一変したことを歓迎していない人や、あか抜けないファッションを笑う都会人もいたのでしょう。そこから転じて、「周りの空気を読まず、わがもの顔で好き勝手やっている人」「なんでもありの状態」「非常識なふるまいや状態」などを指す表現として、冗談ぽく使われるようになったのです。多くの場合、**What do you think this is?** と一緒に、「馬鹿も休み休み言え。ブッシュウィークじゃないんだぞ!」と使われます。

Bush week をそのままカタカナに訳した直後は、失敗したと思ったのですが、意外にも「何それ、日本で言うゴールデンウィーク?」との反応が返ってきました。この部分を削って訳すのも一案ですが、ニュアンスを生かすのであれば、「何を寝ぼけてるんだ? ゴールデンウィークじゃないんだぞ」と日本風に訳すのもよさそうです。後任マネージャーの成功の秘訣は、「郷に入れば郷に従え」の精神でした。通訳においても、この精神を生かせるようになりたいものです。

**覚えておこう*!*

Bush week
＝ 好き放題週間、のんきな休暇期間

主にオーストラリア、ニュージーランドで使用される。90年代の古い表現だが、いまでも冗談や皮肉まじりで使われることがある。

⁷⁵ Play in Peoria

万人に受けるかな

　ある企業で、単品の化粧品をいくつか組み合わせてセットにしたものを発売することになり、どのような組み合わせにすればいいかアイデア出しをする会議が行われました。同じシーンで使う製品かどうか、対象になる消費者像、組み合わせたときの全体の価格の妥当性……。さまざまな観点があり、アイデアがホワイトボードを埋めていきます。

　そんな時、アメリカ人の社員がこう言いました。

Will it play in Peoria?

　「そのアイデアはピオリアでうまくいく?」というのが最初に浮かんできた訳ですが、これでは何のことやらさっぱりわかりません。ピオリアが地名ということはなんとなくわかりましたが、日本で発売する製品の話をしている中でなぜピオリアなのか、そしてピオリアとは一体どこで、この文では何を意味しているのか、頭の中は疑問符だらけに。

　急いでスピーカーに何を伝えたいのか尋ねました。すると「幅広い人々に受け入れられるのか?」と問いたいというのです。なぜそんな意味になるのかさっぱりわからないままですが、慌ててフレーズをメモに取り、その場は言い直してもらった通りに訳し、会議は無事に終了しました。

　では、なぜそのような意味になるのでしょうか。まず、ピオリアはイリノイ州に位置し、シカゴ、スプリングフィールドに次ぐ州内第3位の都市圏です。1880年代、パリに起源を持つ「ヴォードヴィル」と呼ばれるショービジネス(踊り、歌、手品、漫才など多岐に渡る)が全米に広がりましたが、出演する芸人たちの間では、ピオリアの観客が一番手強く、パフォーマンスが素晴らしくなければまったくの無反応なので、ピオリアで拍手をもらえなければそのショーは中止されるか大改造されると言われていました。逆にピオリアで受ければ、ほかのどの街に行っても成功すると考えられるようになったのがきっかけとされています。

ジャーナル・スター紙（ネブラスカ州の地方紙）の記事 "**'Will it play in Peoria?' still plays here and nationally**" では、このフレーズを考察しています。それによると、1902年にピオリアで『新ハムレット』という公演があった際、「アメリカの劇場文化において王道でありふれた好みを持つ典型のような街である。ピオリアの住民は大都市の住民のように世界主義でもなければ、世なれてもいないと言われており、ピオリアでうまくいけば、ほかのどこでもうまくいくと思われた」との記述があったそうです。

1920年代までに上記のような軽蔑的なニュアンスはなくなり、広い地域における成功の可能性を尋ねるフレーズになりました。政治の世界でもこのフレーズは使われました。ニクソン政権下の大統領顧問で、のちにウォーターゲート事件で有罪となったジョン・アーリックマンが、ある政策が非エリート主義の環境で好意的に受け入れられるかどうかを思案しつつ **Will it play in Peoria?** と言ったのはよく知られた話です。

一方で、ピオリアは市場テストの場所として長年使われ、新製品やマーケティングの重要な指標でした。1975年のジャーナル・スター紙は、「ピオリアでうまくいけば、（いずれもアメリカの州都である）サクラメントでもオースティンでもアルバニーでも（中略）、その他大小の市場でうまくいくとみなされる」と書いています。ピオリアはその人口動態や中西部文化の主流であるとの認識から、アメリカの平均的都市であるとみなされていたわけです。国土が広くて人口が多く、地域による多様性も大きいアメリカにおいて「平均的都市」を選ぶことの重要性は大きいのでしょう。

近年では、ほかの都市がアメリカの平均的な都市と考えられるようになったため、ピオリアは市場テストを行う場所としての魅力は失いました。しかしこのフレーズ自体はいまも、政治、マーケティング、エンターテインメントの文脈で広く使われています。

覚えておこう！

Play in Peoria
= 一般的に広く受け入れられる

Porta John

ジョンさんではありません

　軍事関係の仕事をしたときのこと。「トイレの設置場所を確認しに行くから、一緒に来て、必要があれば通訳してほしい」と言われ、日本人担当者とともに若い軍人さんたちのあとについて行きました。行った先にあったのは、屋外の工事現場やイベントなどの際によく見かける、青やグリーンの仮設トイレ。それ自体は驚くべきことではありません。ただ、アメリカでは通常トイレは **restroom** や **bathroom** と言うのに対し、この現場では時々、トイレのことを人名で呼んでいるような気がして、気になっていました。

　聞き違いかとも思いましたが、独自のニックネームをつけて呼んでいる、あるいは誰かそういう名前の人がメンバーにいるのかもしれないと思い、あえて口にはしませんでした。特に気になったのが、**Porta John** という言葉。念のため、業務の合間に事務所に帰って日英対訳の用語集をみると、「**Porta John** ＝トイレ」とあり、人名ではなく、トイレのことだったのかと合点がいきました。

　面白い表現だったので、誰かに言いたくて仕方なかったのですが、その時点では、軍の特殊用語や暗号かもしれないと考えていたので、機密事項を漏らしてはいけないと思い、しばらくは話さずにいました。でも、その数年後に、実は商標登録された商品名だということを知り、ちょっと気が抜けました。

　それにしても、どうして仮設トイレにこのような名前がついたのでしょうか。トイレのことを英語圏で **John** と呼ぶことがありますが、これは、イギリス初の水洗トイレの発明者である宮廷詩人の **Sir John Harrington** の名前が起源のようです。彼は、便座の上に水の入ったタンクを設置して、そこからパイプで水を流せるようにしたトイレを発明し、**Ajax** と名付けました。エリザベス1世が彼の名づけ親でつながりが深かったことから、1596年には女王も彼に依頼し、水洗トイレを設置させたということです。

その **John** ＝トイレを折りたたんで持ち運びできるので、**Portable John** から **Porta John** という名前が付けられた、ということなのでしょう。ちなみに、イギリスの仮設トイレとしては **Portaloo** や **Porta Pottie**、**Potties** もあり、いずれも商標名で呼ばれているそうです。

　外国人と話していてトイレに行きたくなった場合などに、トイレのことを何と呼んだらいいのか困った、という人もいるかもしれません。前述のように、アメリカ英語では **restroom** や **bathroom** が一般的です。日本語のカタカナ読みトイレの **toilet** はアメリカでは便器そのものを指すことが多く、**toilet** という言葉はこういう場合にはほとんど使われません。しかし、イギリスやオーストラリアなどの国では、**toilet** を使っても問題なく、失礼に当たることもないようです。イギリス連邦の国々では、**loo** という言葉もよく使われます。

　トイレを表す言葉としては、このほかにも **washroom**、**lavatory**、**men's room**、**ladies' room**（**ladies'**）などがあります。カナダでは **washroom** がよく使われるそうです。

　トイレ以外でも、商品名がその物を指す英語として使われるケースは多々あります。例えば、ティッシュペーパーを **Kleenex** と呼ぶ、あるいは **BAND-AID**（絆創膏）、**Xerox**（コピー機、コピーする）、**Q-tips**（綿棒）などの例は、アメリカ人とビジネスをしたことがある人なら一度は聞いたことがあるかもしれません。

　日本語のほうが数は少ないように思いますが、ホッチキス（英語では **stapler**）が製造会社の名前だったり、温水洗浄便座を、TOTOの商品名である「ウォシュレット」と呼んでいたりと、似たような傾向はあります。誰が聞いているかわかりませんので、通訳の際は、特定の商品名を使わないよう、注意しています。

覚えておこう！

> **Porta John**
> ＝ 仮設トイレ

77 Mother promise!

インド人嘘つかない！

　両者一歩も引かない緊張。スライドに映し出された内容は、親会社の
トップとインド子会社から来日した現地マネージャーとの間に理解の乖離
があることを示している。突然呼ばれた通訳者が見ても、「いやー、それは
親会社の重役に軍配が上がるだろう」というシチュエーション。一呼吸後、
マネージャーは、「自分は正しい。**Mother promise!**」と力強く言い切った。

　Mother promise だから「母の約束」？ とっさに出た訳は、「インド人
嘘つかない」でした（日本でおなじみなのは「インディアン嘘つかない」で
す）。でも語呂がよかったからか、親会社のトップは、「そこまで言うなら」
と引き下がりました。

　インド人の知人にこの **mother promise** のことを聞いてみると、興味
深い見解が返ってきました。ある人いわく、「一般的にインドは男尊女卑
の社会と見られているが、家庭内での母親へのリスペクトは絶大。母親
は子どもが生まれて最初に接する人間であり、母親なしでは生きていけ
ない。母の言うことは絶対的」。このことから、この **mother promise** に
は、**I swear** などと同様、「絶対」「間違いない」という意味があるそうで
す。もともとは、ヒンディー語の表現で、**mother** のほかにも、自分の大
切としているものをかけて、**pen case promise** と言った人もいます。

　日本人ももちろん、母親への強い尊敬の念を持っています。でも、例
えば両親について語るときは、自然に「父母」と言いますよね。インドで
は、これも逆なのです。英語の **mom and dad** と同様、ヒンディー語も
母、父の順で、母親の存在感の大きさがうかがえます。これに関連して、
ぜひ覚えておいてほしいのは、英語の **daddy** と音が同じヒンディー語の
daadee が、父方の祖母を指すこと。英語で話しているときでも、カジュ
アルに **daddy** といわず、**father** といったほうが無難です。また、ヒン
ディー語は「彼」も「彼女」も同じ（**vah**／ヴォ）で区別がなく、会話内で彼

と彼女が急に入れ替わったりすることもありますので、注意が必要です。

　独特なアクセントのインド英語を苦手とする人は多いようですが、筆者はなぜかインド英語に魅せられます。インドには英語を含めて20ほどの公用語があり、多様な言語の影響を受けた彼らの英語は、時にはもはや違う言語かと思うほど特徴的です。その一つが、**w**や**q**を濁音で発音すること。一度「ユーアー グリーン」と聞こえ、「あなたは緑ですね」(＝環境に優しい)と褒められたと思ったら、実際は**you are queen**(女王様)だったこともありました。

　インドでは**hotel**がレストランを意味すると知らなかったころ、インド人男性と2人だけで会食することになりました。待ち合わせた駅で彼が開口一番「どこのホテルに行く？」。動揺する私に、「僕はベジタリアンだから、ベジホテルでいい？」と聞いてきました。べ、ベジホテルとは、はて。野菜を育てるグリーンなホテル？　食事だけのはず。すでに人妻であった私は、普段はクールでジェントルマンである彼の耳を疑う発言に、この場をどう切り抜けようかと必死に考えました。ただ、実際のところ、彼はカースト制度で最上位のバラモン(僧侶階級)の身分で、バラモンは一般的に菜食主義者が多いカーストだと知っていたので、彼の意図が推測でき、事なきを得ました。

　インド英語には、**parcel**(テイクアウト)、**out of station**(出張中)など独特な表現もたくさんあります。インド人の同僚とのメールやりとりで、「あとで電話します」を、**I will revert you soon.**と言われたこともありました。**Revert**は自動詞で、助詞もなく、文法的には間違っていると思うのですが、文脈から「あとできっとアクションがあるのだろう」と推測しました。ここでは語り尽くせないほど奥深い「ヒングリッシュ」の世界。少しでも味わっていただけたのであればうれしいです。

覚えておこう！

Mother promise
＝ 絶対に、間違いない(主にインド英語)

78 Singles' Day

11月11日は記念日

　4月29日生まれの父はよく、「俺の誕生日は、天皇誕生日だから覚えやすい」と言います。このせりふを令和風に正しく言い換えれば、父は「昭和の日」生まれです。昭和天皇が崩御した1989年から2006年までの間、4月29日は「みどりの日」、2007年以降は「昭和の日」と呼ばれていました。さらに、2007年にはこの「昭和の日」の出現により「みどりの日」は5月4日に移されました。そのほか、「成人の日」「敬老の日」などは、ハッピーマンデー制度の導入で、お祝いする日が変わりました。日本の祝日だけでもこれだけ複雑なのに、クリスマスや旧正月などのメジャーな日はともかく、異なる国や地域、宗教の祝日をすべて覚えている人は少ないでしょう。しかし、通訳者である以上「知りませんでした」では通用しません。

　準備万端で臨んだはずだった、あるIR案件のこと。ちなみにIRといえば、近年ではカジノ誘致で知られる**integrated resort**（統合型リゾート）を指すことが増えましたが、通訳の現場では**investor relations**（企業が株主や投資家向けに経営状態、業績の実績や今後の見通しなどを広報するための活動）を指すことも多いので、受注時は確認が必要です。ここで紹介するのは後者の事例となります。

　冬の寒い朝、機関投資家に同行して事業会社である百貨店を訪問し、IR担当者と面談をしていたときのこと。投資家が **How was the impact of Singles' Day this year?** と尋ねました。決算短信、決算報告用プレゼン資料、最新のニュースリリースなどをしっかりと読み込んでいましたし、各訪問先別に作成した単語帳も手元にあります。しかし **Singles' Day** が具体的に何を意味するのか、まったく見当がつきません。

　この投資家とはすでに何日かご一緒しており、比較的短気だということは心得ていました。それを踏まえ、ここはあえて聞き直すタイミングではないと判断。きっと事前準備の段階で自らが見落としていた、百貨店固

有のキャンペーンだろうと「今年のシングルズデー・キャンペーンの効果はいかがでしたか」と訳しました。ところが、それを聞いた百貨店のIR担当者、「ああ、独身の日のことですね」とさらっと言い直すではありませんか。**Singles' Day** を知らなかったことがバレていたわけです。

　そのあと、この担当者が、11月中旬前後の売上実績傾向を示しながら投資家の質問に答えていくのを聞いていくうちに、少しずつ **Singles' Day** の全貌が明らかになってきました。独身者を表す「1」が四つ並ぶ11月11日を、中国では「独身（者）の日」と呼んでいるそうです。1993年に中国の南京大学の学生が祝い始めたとされていて、毎年独身者がパーティーを開き、プレゼントを贈り合う習慣があるとか。2009年に中国のIT大手「アリババグループ」が販促イベントを仕掛けて大ヒットしたのをきっかけに、以後この日はeコマース・サイトや百貨店の一大商戦日になったと知りました。

　さて、この時に訪問したのは日本の百貨店です。なぜ中国の祝日と関係があるのかと疑問に思われるかもしれませんが、百貨店にとって訪日中国人観光客はお得意様ですし、この百貨店は大手で、中国本土内にも店舗を展開しています。また、ご一緒した機関投資家は欧米のファンドに在籍する米国籍の華僑の方でした。投資家が「独身（者）の日」の影響を気にするのも、思えば自然なことです。その関連性を見落としていた以上、「準備万端」というのは、自身の思い込みでしかなかったと言わざるを得ないでしょう。

　己の恥と引き換えに習得した単語・表現・知識を、すぐに使ってみたくなるのは通訳者の性でしょうか。早く **Singles' Day** の知識を生かしてみたいと切に願う今日このごろです。

覚えておこう！

Singles' Day
＝「独身（者）の日」または「光棍節（こうこんせつ）」

79 Burn the candle at both ends

燃え尽き症候群になる前に

　フリーランス通訳者は個人事業主なので、本業の通訳業務の傍ら、営業や経理をはじめさまざまな雑用までをも同時にこなさなければなりません。特に年度末は繁忙期と確定申告が重なり、多くの通訳業務を手掛けながら申告の準備も進めるため、なかなかバタバタします。ここで紹介するフレーズは、実際に筆者が通訳現場で遭遇したものではありませんが、多忙な学生時代を送っていたときに出あったものです。年度末のさまざまな業務に忙殺されながら、ふと懐かしくそのエピソードを思い出しました。

　アメリカの大学に留学していたころ、いろいろな事情があって、2年生の後期に通常のフルタイム学生の倍、24単位を取るという暴挙に出たことがありました。右も左もわからない留学生がそんな暴走をすることがないように、科目登録をする際には必ずアドバイザーの助言・承認を得ることになっており、当然のように反対されました。しかし、その当時は血気盛んな20代でしたので、学部長に直談判して承認のサインを取りつけ、アドバイザーの反対を強引に押し切って単位登録を済ませて新学期に臨みました。

　当然、それだけの単位を取るからには科目を厳選しておかないと大変なことになるのはわかっていました。できるだけ負担の少ない講座を選りすぐって登録したつもりでしたが、大方の予想通り過密なスケジュールになりました。当時はまだ英語が苦手だった筆者が直面したのは、英文学、歴史、語学（英語）の期末論文の締め切りが重なるという一大事。しかも前期に研究助手として生化学教授のもとで細胞培養をしていたものが発展し、後期には自身も実験をすることになったため、時間の余裕などまったくありません。締め切りが迫る中、これはさすがにまずいと思い、徹夜を覚悟で期末論文を3本書き上げることにしました。

いまとなっては到底できない話ですが、若いうちは無理もきくものです。三日三晩徹夜して、なんとか書き上げました。すべて期限内に提出することはできたものの、3日目にはさすがにヘロヘロ。研究室でコンピューターに向かって、うつらうつらしながらキーボードを叩いている様子を見かねたポスドク（博士研究員）が、心配そうに声をかけてくれました。

Hey, you are burning the candle at both ends! Get some rest!

ところが当の本人は「ロウソク？」と怪訝そうな顔をしていたようで、「無理しすぎだよ」という意味だと解説してもらい、やっと理解できました。

このポスドクいわく、ロウソクの両端から火をつければ、ロウソクはみるみる短くなって燃え尽きてしまう。人の命も同じで、早朝から夜遅くまで根を詰めて働くと命を縮めることになる。だから、ロウソクを両側から燃やす行為は、人が無理をしている状態を表す、とのことでした。

この慣用句の意味を改めて深堀りしてみると、面白いことがわかりました。この慣用句はもともとフランス語で、17世紀初めごろに出てきた当時は、大変貴重で高価なロウソクを両端から灯すのは贅沢が過ぎるということから、「浪費家」「散財家」という意味で使われていたようです。そのロウソクがのちに、同じくとても貴重な「人間の命」を表すようになり、前述の「根を詰めすぎる」に意味が変わっていったようです。

通訳者として、これをどういった日本語表現にするのが適切かと考えたとき、（朝早くから夜遅くまで働き詰めで）「無理をする」や「根を詰める」という表現がまず思い当たるのですが、文脈によっては、さらに一歩踏み込んで、「命を削るように」という意味を込めた「生き急ぐ」という訳出がぴったりくるような気がします。あまり生き急ぐと **burn out** して燃え尽きてしまいますので、命を浪費するのもほどほどにしたほうがいいですね。

覚えておこう！

Burn the candle at both ends
＝ 生き急ぐ、（朝早くから夜遅くまで働き詰めで）無理をする

80 **Chatham House Rule**

自由な意見交換の場

当時住んでいたイギリスで、セキュリティ関連の会議の通訳をしたときのことです。会議の途中、議事進行役が出席者に対し、こう告げました。**From now on, the discussion is to take place under the Chatham House Rule.**（ここからはチャタムハウス・ルールの下で議論を行います。）

「チャタムハウス・ルール」って何だろう。手が空いたときに手元の電子辞書で調べてみましたが、載っていませんでした。あとでゆっくり調べようと思っているうちに、そのまま忘れてしまいました。スマートフォンもなく、その場で気軽にネット検索ができなかった時代の話です。

数週間後、別の仕事の待ち合わせで、ロンドンにある王立国際問題研究所（**Royal Institute of International Affairs**）を訪れたときのこと。中に入ると、真っ先に目に留まったのが、壁のプレートに書かれていた**CHATHAM HOUSE RULE** という文字でした。

Chatham House は王立国際問題研究所の通称でした。その名は、初代チャタム伯爵のウィリアム・ピットという人物に由来します。18世紀に活躍したイギリスの政治家ピットがロンドンの邸宅としていた建物に本拠を置いたことから、こう呼ばれるようになりました。

王立国際問題研究所のルーツは第一次世界大戦後、1919年のパリ講和会議にまでさかのぼります。この時、英米の代表団の間で「今後の国際問題の解決は、紛争や戦争ではなく、国家間の対話を通じて実現すべきである」という理念のもと、二国主導による国際問題の研究機関を作ろうという機運が高まりました。この構想がそのままの形で実現することはありませんでしたが、その翌年、イギリスでは英国国際問題研究所（**British Institute of International Affairs**）が設立されました。同研究所は、1926年にエリザベス女王の祖父にあたる故ジョージ5世の勅許状を受

け、王立国際問題研究所と呼ばれるようになりました。

　プレートに書かれていたチャタムハウス・ルールの内容は、具体的には
以下の通りです。

When a meeting, or part thereof, is held under the Chatham House Rule, participants are free to use the information received, but neither the identity nor the affiliation of the speaker(s), nor that of any other participant, may be revealed.

　「会議の全体またはその一部がチャタムハウス・ルールの下で行われる
　場合には、参加者はそこで得た情報を自由に使用することができるが、
　会議における発言者およびそれ以外の参加者の身元や所属団体を
　いっさい明かしてはならない」

　デリケートな問題を議論するとき、人は自分の組織や自分自身への影
響を恐れて口を閉ざしがちです。第一次世界大戦後の国際関係たるや、
そこで発言したことが原因で失脚させられたり、時には命を狙われたりす
る危険性すらあったことは想像に難くありません。チャタムハウス・ルール
が生まれた背景には、こうした不安を払拭し、自由闊達な議論の場を提
供しようという思いがあったのでしょう。

　現代においても、こうした状況は存在します。人々の口をつぐませる原
因が、処刑や暗殺、追放などから、スキャンダルや解雇、左遷、雇用主
への配慮などへと多様化したに過ぎません。

　チャタムハウス・ルールは、1927年の発足からその後2回の改定を経
て、今日の姿になりました。いまや世界中の会議で採用され、対話や議
論を通じた相互理解と情報共有の促進に貢献しています。

覚えておこう！

Chatham House Rule
＝ チャタムハウス・ルール

通訳者イチオシ！　英語力が上がる本

『金融英語入門〈第2版〉』(柴田真一著／東洋経済新報社)
「法律事務所で金融の仕事をしていたとき後輩に貸したら好評で、『新人の弁護士も気に入ったようなので又貸ししていいか』と聞かれました。金融の基本をこれから学びたい人におすすめです」(T)

『ジャンル別　トレンド日米表現辞典〈第4版〉』
(石山宏一・編集主幹、岩津圭介・執筆／小学館)
「金融や政治、経済といった各分野でよく使われる用語を日英両方でまとめた辞典です。特に通訳者を目指す人にとっては、表現や語彙力の強化に役立ちます」(S)

『ニュース英語が本当に解るボキャブラリー　政治・経済編』
(谷川幹著／アルク)
「海外ニュースを理解する上で必須の単語・表現集です。中級以上の人向け。Running mateを『ジョギング友達』だと思った人はこっそり買いましょう」(J)

『英語の数量表現辞典〈増補改訂版〉』
(研究社辞書編集部編、トム・ガリー監修／研究社)
「数字の表現は幅広い場面で使われますが、日本の学校英語教育だけでは身につきにくいと思います。この辞典には数字の読み方の記載もあり、とても参考になります。中級以上におすすめです」(W)

『英語で伝えるオジサン的ビジネス表現』
(鶴田知佳子、柴田真一著／アルク)
「『孤軍奮闘』『お役御免』など、日本人のビジネスマンが使いがちで、通訳者でなくても悩んでしまうような『オジサン的ビジネス表現』を集めて、解説した本です。中級から上級者向けです」(H)

『表現のための実践ロイヤル英文法』
(綿貫陽、マーク・ピーターセン著／旺文社)
「従来の文法書とは違い、英語での発信力に焦点を当てた標準英語の解説が充実しています。実際のコミュニケーションに生かせる、中級以上の人におすすめの実用的文法書です」(Ko)

『越前敏弥の日本人なら必ず誤訳する英文〈決定版〉』
(越前敏弥著／ディスカヴァー・トゥエンティワン)

「『英語自慢の鼻をへし折る！』と、まさに帯に書かれているとおり。上級者も実は間違って解釈していることが多く、英文解釈の基本は文法と改めて気づかされる一冊です」(Ko)

『*1100 Words You Need to Know*』
(Murray Bromberg&Melvin Gordon著／Barron's Educational Series)

「集中的に語彙力を増強させたい上級者向け。1日1ページ、46週で終了する構成で穴埋め問題や例文が豊富です。一度習った単語が繰り返し出てくるので、記憶の定着にも役立ちます」(Ko)

『直訳禁止！ネイティブが使うユニーク英語表現』(牧野高吉著／DHC)

「単語の意味はわかっても直訳すると変になる表現を紹介。例えば、ambulance chaser は悪徳弁護士。由来やその表現が登場する映画のシーンなども紹介。中級者以上向けです」(E)

『この英語、ネイティヴにはジョーシキです！』
(西森マリー著／ジャパンタイムズ)

「同じ文化を共有した人同士なら説明不要の言葉を、童話、マザーグース、神話、聖書、ラテン語等、由来別に紹介。ネイティブならではの感覚を後付けで補える本。中級者以上」(D)

『訳せそうで訳せない日本語　きちんと伝わる英語表現』
(小松達也著／SBクリエイティブ)

「日常会話ではおなじみなのに、英訳となるとちょっと考え込んでしまう表現がいろいろ集められていて、読み物としても興味深いです。中級者以上が対象です」(Ke)

『ビジネス英語パワー音読トレーニング』(横山カズ著／DHC)

「パワー音読 (POD) という音読メソッドに基づいて、中級者以上を対象に英語をテンポよくすらすらと話せることを目指す本です。時間を測るので自分の進歩状況が見えて励みになります」(Ke)

おわりに

　本書の構想が持ち上がったのは、2020年3月下旬、新型コロナウイルスの感染が日本でも拡大し、緊急事態宣言が出されようとしていた最中のことでした。

　私が所属する通訳者の業界団体である一般社団法人・日本会議通訳者協会（JACI）には、同年4月末現在で300人の会員がいます。そのほとんどが、現役の会議通訳者です。私たちの主な仕事は、日本語話者と、日本語を解さない人たちとの間のコミュニケーションの橋渡しですから、日本に来る外国人が減り、国際会議がなくなれば、仕事は激減します。実際に3月時点では、決まっていた通訳案件のキャンセルが相次いでいました。私自身は大学教員ですが、授業のない期間は通訳者として稼働しており、毎年春休みは最も集中して通訳案件を受けられる時期でした。その前年は週5日から6日稼働していましたが、2020年3月に請負った仕事は、ひと月でわずか3件でした。

　専業通訳者の場合、状況はさらに深刻です。突然空いてしまった予定。いつ戻ってくるかまったく予想できない需要。鬱々とした空気が業界に漂っていました。通訳者の一人として、また通訳研究者として、このような状況だからこそできることはないだろうか。考えた末に思いついたのが本書の出版でした。

　冒頭でも触れましたが、通訳者の日常は失敗の連続です。言語のエキスパートを自認している分、「訳せない」言葉があると、悔しさも人一倍。私自身、通訳現場でかいた恥の数々は、いまでも鮮明に覚えています。そして、二度と同じ過ちは犯さないように、失敗を糧にして研鑽を続けてきました。

　きっと、同じような思いをしているのは私だけではないはず。一人ひとりの通訳者に、忘れられない失敗体験があるのではないか……。そう

思って周りの通訳者に聞いてみると、皆、心当たりがあるようでした。私たちの失敗談をあえてさらせば、読者の皆さんも肩の力が抜け、楽しみながら英語力を高めることができるに違いない。そう思い立ち、急いで企画書をまとめ、以前雑誌『通訳・翻訳ジャーナル』で連載をしていたときに担当者だったイカロス出版の渡邉絵里子さんに持ち込みました。先の見えない状況の中、出版を約束してくださった同社と渡邉さんには、感謝の言葉もありません。

　出版の話がまとまり、JACIの会員限定サイトで参加者を呼びかけたところ、約40人の通訳者が手を挙げてくれました。それぞれが書きたいアイデアを提案し、選考基準に照らして、採用する単語やフレーズを吟味していきました。最終的な執筆者は、海外在住者を含む27人。そのほか、編集や校正作業に多くの仲間が関わってくれました。それぞれに別の仕事や子育てで忙しいメンバーばかりでしたが、通訳の仕事が減り、外出もままならない特殊な状況だったからこそ、これだけの人数の参加が得られたのだと思います。

　本書が書店に並ぶころ、私たちが再び元気に通訳をしているのか、いまはまったく見通すことができません。それでも、こんなときにしか書けなかった特別な本を世に送り出すことができました。手に取ってくださった読者の皆さんが、私たちの失敗から何かを学び、楽しく英語学習を続けていただけるなら、私たちも救われる思いです。

　読んでいただき、ありがとうございました。同僚として、あるいはお客様として、いつか現場でお会いできますように。

令和2年5月

松下佳世

執筆者（編著者を除く、掲載数順）

平山敦子、古賀朋子、巽美穂、グレンダ由利子、デルガード富美子、
キーホー智栄子、エルビーニア ユリア、鳥山恵美子、グリーン裕美、
中村園美、小島佳美、菱田奈津紀、毛利雅子、重友亜希子、知念徳宏、
細矢順子、松本佐紀子、岩瀬和美、松岡由季、魚谷弥生、森田系太郎、
田原真梨子、蛇川真紀、カイザー真紀子、秋吉まゆみ、遠藤香代

編集協力（五十音順）

朝田真理子、伊藤恵子、Denton Williams 、岡本佳奈、Thomas Kaiser、
佐々木勇介、花岡千都子、原由佳、山崎美保、結城直美、渡邉尚子

まんが・イラスト

平山敦子

【編著者】

松下佳世（まつした・かよ）

立教大学異文化コミュニケーション学部・研究科准教授。日本通訳翻訳学会理事。
会議通訳者。上智大学文学部新聞学科卒、米コロンビア大学ジャーナリズム大学
院修士課程修了、立教大学大学院異文化コミュニケーション研究科博士後期課程
修了（PhD）。朝日新聞記者としてニューヨーク特派員などを務めたのち、サイマル・
インターナショナルの専属通訳者に。専門は通訳翻訳研究とメディア研究にまたがる
学際的な研究分野であるニュース・トランスレーション研究。学生を指導する傍ら、
サイマル・アカデミーのインターネット講座でプロを目指す通訳者の育成にもあたって
いる。主な著書に*When News Travels East: Translation Practices by Japanese
Newspapers*（Leuven University Press, 2019）、『通訳になりたい！ゼロからめざせ
る10の道』（岩波書店、2016年）など。

同時通訳者が
「訳せなかった」英語フレーズ

2020年6月30日　初版発行
2020年9月15日　第2刷発行

編著者	松下佳世
発行者	塩谷茂代
発行所	イカロス出版株式会社
	〒162-8616
	東京都新宿区市谷本村町2-3
	電話　03-3267-2766（販売部）
	03-3267-2719（編集部）
	https://www.ikaros.jp

カバーデザイン	オカムラダイスケ
本文デザイン	丸山結里
印刷・製本	図書印刷株式会社